Ich bin mein eigener Coach

Urs R. Bärtschi

# Ich bin mein eigener Coach

Wie Sie innere Gegensätze in Autonomie verwandeln

3., überarbeitete und aktualisierte Auflage

Urs R. Bärtschi
Coachingplus GmbH
Kloten, Schweiz

ISBN 978-3-658-30497-3     ISBN 978-3-658-30498-0 (eBook)
https://doi.org/10.1007/978-3-658-30498-0

Die Deutsche Nationalbibliothek verzeichnet diese Publikation in der Deutschen Nationalbibliografie; detaillierte bibliografische Daten sind im Internet über http://dnb.d-nb.de abrufbar.

Springer Gabler
© Springer Fachmedien Wiesbaden GmbH, ein Teil von Springer Nature 2014, 2014, 2020
Das Werk einschließlich aller seiner Teile ist urheberrechtlich geschützt. Jede Verwertung, die nicht ausdrücklich vom Urheberrechtsgesetz zugelassen ist, bedarf der vorherigen Zustimmung des Verlags. Das gilt insbesondere für Vervielfältigungen, Bearbeitungen, Übersetzungen, Mikroverfilmungen und die Einspeicherung und Verarbeitung in elektronischen Systemen.
Die Wiedergabe von allgemein beschreibenden Bezeichnungen, Marken, Unternehmensnamen etc. in diesem Werk bedeutet nicht, dass diese frei durch jedermann benutzt werden dürfen. Die Berechtigung zur Benutzung unterliegt, auch ohne gesonderten Hinweis hierzu, den Regeln des Markenrechts. Die Rechte des jeweiligen Zeicheninhabers sind zu beachten.
Der Verlag, die Autoren und die Herausgeber gehen davon aus, dass die Angaben und Informationen in diesem Werk zum Zeitpunkt der Veröffentlichung vollständig und korrekt sind. Weder der Verlag, noch die Autoren oder die Herausgeber übernehmen, ausdrücklich oder implizit, Gewähr für den Inhalt des Werkes, etwaige Fehler oder Äußerungen. Der Verlag bleibt im Hinblick auf geografische Zuordnungen und Gebietsbezeichnungen in veröffentlichten Karten und Institutionsadressen neutral.

Titelbild: Idee: Urs R. Bärtschi, Kloten/CH. Gestaltung: Stefan Frei/FREIFORMAT, Hünenberg/CH
Springer Gabler ist ein Imprint der eingetragenen Gesellschaft Springer Fachmedien Wiesbaden GmbH und ist ein Teil von Springer Nature.
Die Anschrift der Gesellschaft ist: Abraham-Lincoln-Str. 46, 65189 Wiesbaden, Germany

„Durch das Wissen über die Grundrichtungen kann ich mich besser in das Gegenüber einfühlen und ihn verstehen."
*Andrea Meuter, Personalleiterin, BMW (Schweiz) AG, Dielsdorf*

„In diesem Buch steckt ja so viel von Wahrheit. Eine simple Betriebsanleitung im Umgang mit sich selbst und anderen Leuten. Ein Buch mit x-fachen Aha Erlebnissen. Ideal zur Selbstreflektion, zum Schmunzeln über sich selber und zum Verstehen des Anderssein."
*Andreas Schwaller, Unternehmer & Sportchef und Nationalcoach Swiss Curling, Oberengstringen*

„Urs R. Bärtschi bringt es auf den Punkt. Nur wer sich selber versteht, kann seine Lebensweise optimieren. Ein ideales Buch für jeden, der sich selbst entdecken und dazulernen möchte!"
*Sylvia „Silä" Michel, Moderatorin Tele Top, Winterthur*

„In einer wunderbar leseleichten Form fasst Urs R. Bärtschi die Essentials der Adlerschen Individualpsychologie zusammen. Von zentraler Bedeutung ist dabei seine innovative Typologie, die in einer am Lebensstil orientierten Coaching-Beratung von unverzichtbarer Bedeutung ist. Ich sehe dieses Buch als Meilenstein im heutigen Coaching!"
*Dr. Michael Titze, Dipl.-Psychologe/Psychoanalytiker (DGIP), Gründungsvorsitzender von HumorCare Deutschland e. V., DE-Tuttlingen*

„Das ist ein erstklassiges Buch! Man spürt die Berufs- und Lebenserfahrung des Autors, die das Buch so glaubwürdig machen. Das Konzept ist aus der Praxis eines erfahrenen Coachs entstanden. Es ist hilfreich für jeden Praktiker, der Menschen helfen und selbst in seiner Entwicklung weiterkommen will."

*Theo Schoenaker, Bestsellerautor, Gründer und langjähriger Leiter des Rudolf-Dreikurs-Instituts für soziale Gleichwertigkeit, seit 2011 Leiter der Schoenaker Academie voor Individualpsychologie Nederland*

„Tolles Thema, ich erkenne mich sofort wieder in den einzelnen Grundtypen. Bildhafte Beschreibung und voll aus dem Leben erzählt."

*René Marques, Head of Training, Swisscom (Schweiz) AG, Olten*

„Die vermittelte Methodik ist hilfreich für die Praxis. Urs R. Bärtschi bringt mit seiner Art zu schreiben und zu beobachten ziemlich alles auf den ziemlich richtigen Punkt."

*Raeto Raffainer, Sportchef beim HOCKEY CLUB DAVOS AG, Davos Platz*

„Urs R. Bärtschi schafft es mit seinem Buch einmal mehr, mich zum Reflektieren und Schmunzeln anzuregen. Die pointierte Darstellung der Charaktertypen zeigt anschaulich die positiven und ermutigenden Seiten meiner Persönlichkeit, wie zum Beispiel Leistungsfähigkeit, Kreativität und Verantwortungssein."

*Dr. Claudia Edelmann, Geschäftsführerin/Coach, worklife gmbh, Erlenbach*

# Vorwort zur 3. Auflage

Liebe Leserin, lieber Leser;

„Geboren ohne Betriebsanleitung" – ist salopp ausgedrückt der Lebensstart eines jeden Menschen. Was wie oder gar nicht funktioniert, müssen wir zuerst erfahren bzw. ausprobieren. Ebenso, was unsere Bedürfnisse und Wünsche sind, wie unsere Brillen aussehen, wie wir das Leben wahrnehmen, weshalb wir tun, was wir tun. All dies gilt es zu entdecken.

Dieses Buch hilft Ihnen dabei und Sie erhalten eine praktische und nützliche Anleitung für Ihr Leben.

Zweimal in den Top-10 der beliebtesten Schweizer Wirtschaftsbücher: Im 2014 und 2015 belegte das Buch je den sechsten Rang. „Wie bin ich? Wie wirke ich? Was macht mich aus?", diese Fragen beschäftigen alle Menschen, ob in Bezug auf die Berufswelt oder im Privaten. Das eigene Wesen zu erkunden ist unglaublich reizvoll. Aus dem Grund beschäftigen sich Menschen mit ihrer Persönlichkeit.

Stärken stärken – der ressourcenorientierte Blick – das Bejahen, Anerkennen und Wertschätzen der eigenen Fähigkeiten stehen dabei stets im Vordergrund. Sie können mehr von Ihren Schwächen und Stolpersteinen erzählen? Dann sollten Sie dieses Buch erst recht lesen. Anhand der vier Grundrichtungen nach Individualpsychologie lernen Sie Ihre Stärken kennen und optimal nutzen. Das Wissen über Sie selbst (und andere) ermöglicht viel Achtsamkeit für Ihre inneren Selbstdialoge und erlaubt Ihnen, sich selbst besser zu führen.

Nachhaltige Veränderung gibt es nur, wenn innere Muster erkannt und bewusst gemacht werden. Dank der Gehirnforschung wissen wir, dass das Gehirn Wiederholungen liebt. Sich in vertrauten Bahnen zu bewegen, findet das Gehirn prima.

Das kostet nämlich wenig Energie. Anders sieht es aus, wenn es darum geht, Bekanntes loszulassen und von eingefahrenen Mustern abzuweichen. So etwas kostet Kraft und das Gehirn flüstert seinem Menschen alles Erdenkliche ein, um dies zu verhindern. Deshalb ändert der Mensch lieber äussere Begebenheiten, als innere Muster zu bearbeiten. Mein Tipp: Verändern Sie nicht Äusserlichkeiten, wechseln Sie nicht Ihre Arbeitsstelle, wechseln Sie Ihr Denken und Ihre Muster! Dieses Buch hilft Ihnen, diese Muster zu erkennen und zeigt praktisch und alltagstauglich, wie Sie den Umgang mit sich selbst und mit den unterschiedlichsten Menschentypen verbessern.

Dieses Buch ist meine Hommage an Dr. Alfred Adler, der in diesem Jahr seinen 150. Geburtstag feiern könnte. Die Individualpsychologie hat mein persönliches Leben und meinen Coaching-Alltag positiv geprägt und massgebend beeinflusst.

Vielen Dank an Gunhild Hinkelmann, Professorin an der Fachhochschule Nordwestschweiz für ihre umsichtige Korrektur. Deine Hingabe berührt mich.

Viel Freude beim Lesen!

Kloten, Schweiz                                         Urs R. Bärtschi

# Vorwort zur 2. Auflage

Liebe Leserin, lieber Leser;
 Ich bin mein eigener Coach – die vielen Leserinnen und Leser haben die 2. Auflage möglich gemacht! Danke, dass Sie das Buch gekauft, gelesen und vielfach weiterempfohlen haben! Viele persönliche Rückmeldungen per Mail oder im Gespräch erreichten mich seit der Herausgabe. Sie bezeugen, dass bereits viele Menschen durch das Buch eine Bereicherung erfahren haben und sich selbst einige Schritte näher gekommen sind. Das Selbstverständnis ist gewachsen, Beziehungen können bewusster gestaltet werden und dies, weil die Andersartigkeit besser eingeschätzt werden kann.

Danke für alle Dialoge, Emails und Fragen. „Ob Selbstcoaching wirklich möglich ist?" dies war wohl die häufigste gestellte Frage. Ja, es ist möglich. Verfolgen Sie diese drei Schritte:

1. Seien Sie achtsam in der Selbstbeobachtung, empfindsam und ehrlich im Wahrnehmen von eigenen Verhaltensmustern und horchen Sie genau hin, auf Ihre inneren Dialoge. Die vier Hauptdarsteller ermöglichen Ihnen zudem, sich selbst einmal unverkrampft gegenüber zu treten und fast spielerisch die eigene Person „von aussen" zu betrachten.
2. „Das kann ich wirklich gut!" Gestehen Sie sich eigene Stärken und Fähigkeiten bewusst ein – lassen Sie daraus neue Glaubenssätze entstehen. „Hier habe ich einen Fundus an Ressourcen." Werden Sie sich Ihres Kopfkinos bewusst. „So sehen meine Verhaltensmuster aus." Entdecken Sie Ihre hilfreichen und weniger nützlichen Strategien. Erkennen Sie auch Ihre Denk-Fallen.

3. Und: Wissen verpflichtet! Selbstverantwortlich und handlungserweiternd das Leben mit dem neuen Wissen selbst gestalten – das ist gelingendes Selbstcoaching!

Das Buch garantiert nicht nur „Aha-Erlebnisse", es ermöglicht zusätzlich eine andere Sichtweise auf die eigene Lebensgestaltung. Und auf die anderer! Sollten Sie beim Lesen bemerken, dass Sie anders und vielleicht neu über Alltagssituationen und Personen zu denken beginnen, dann greift Ihr Selbstcoaching.

Das neue, weiterführende Kap. 14 lenkt die Aufmerksamkeit auf selbstschädigendes Verhalten. Privat wie beruflich! Und zeigt auf, dass wir keineswegs diesen uns hintergehenden Mustern ausgeliefert sind.

Ein herzliches Dankeschön an die Lektorin Irene Buttkus! Sich als Autor bei einem Verlag rundum gut aufgehoben zu fühlen, das macht sie möglich und erlebbar!

Viel Freude beim Lesen wünscht Ihnen

Kloten, Schweiz                                                                    Urs R. Bärtschi

# Vorwort zur 1. Auflage

Jeder Mensch kann alles, solange er sich selbst keine Grenzen setzt. (A. Adler 1994, S. 30)

Liebe Leserinnen und Leser

Während eines Coaching-Gesprächs frage ich meine Kundinnen und Kunden manchmal, ob sie schon einmal einen Persönlichkeitstest gemacht hätten. „Oh ja", antworten manche, „irgendwo habe ich zu Hause eine Auswertung. Wenn Sie möchten, kann ich sie suchen und gelegentlich mitbringen."

Die gutgemeinte Aussage zeigt, wie Profiltests häufig gehandhabt werden: Für eine Stellenbewerbung oder eine potenzielle Beförderung erstellt, verschwinden sie nach erfolgtem Karriereschritt oft schnell in einer Schublade und werden nicht weiter beachtet. Doch ein aussagekräftiger Persönlichkeitstest ist weder ein Impfausweis noch eine Versicherungspolice. Es nützt nichts, eine Auswertung „irgendwo zu Hause" zu haben. Die blosse Existenz einer schriftlichen Auswertung führt weder zu konstruktiverem Alltagshandeln noch zu einer verbesserten Sozialkompetenz. Wobei das Desinteresse beileibe nicht immer an der Nutzerin oder am Nutzer allein liegt: Oft haben Testverfahren zu wenig mit dem konkreten Alltagserleben zu tun und liefern entsprechend theoretische Standardaussagen. Fehlt der direkte Bezug zu den realen Fragestellungen in Berufs- und Privatleben, können Testauswertungen keine Tools und Impulse für gezielte Entwicklung und Veränderung anbieten. Enttäuschungen sind vorprogrammiert.

Mit dem GPI® (Testverfahren zu den „Grundrichtungen der Persönlichkeit") gehen wir seit vielen Jahren einen anderen Weg:

- Wir legen weder Persönlichkeitsstrukturen noch Charaktere fest. Das Augenmerk gilt vielmehr Ihren typischen Verhaltensweisen, die Sie konstruktiv verändern möchten.
- Interessant sind nicht in erster Linie Ihre Schwächen und Grenzen, sondern vielmehr Ihre Stärken und Potenziale. Der GPI®-Test dient dazu, Ihre Ressourcen zu erkennen und gewinnbringender einzusetzen.
- Der Test beschreibt vier Grundrichtungen der Persönlichkeit. Es geht allerdings nicht darum, sich mit einer starren Typenbeschreibung zu identifizieren, sondern in einem dynamischen Prozess zu entdecken, wie viele Anteile aller Grundrichtungen in Ihnen präsent sind und welche sich in welcher Lebenslage als dominant erweist.
- Sie erhalten nicht einfach ein Auswertungsblatt. In einem differenzierten Gespräch kommen Sie Ihren inneren Dialogen und Ihren unbewussten Haltungen selbst auf die Spur.

Den grössten Gewinn erzielen unsere Kundinnen und Kunden, indem sie ihre inneren Überzeugungen und Dialoge identifizieren. Die Auseinandersetzung mit den langjährig eingeübten Denkmustern ist der stärkste Motivator zur Veränderung.

Bemerkenswert ist dabei, wie Menschen häufig die entscheidenden, bisweilen hemmenden oder gar blockierenden Punkte ihres Denkens intuitiv erspüren, aber die Sprache nicht besitzen, um sie konkret zu benennen. Hier wirkt sich die einfühlsame Begleitung durch einen erfahrenen Coach besonders hilfreich aus. Im Coaching-Gespräch können Menschen ihre Grenzen erfahren, formulieren und in einer weiteren Phase erfolgreich erweitern. Der Sinn eines ausgereiften Persönlichkeitstests besteht darin, sein Denken und Handeln zu reflektieren und schrittweise zu verändern. Am Ende stehen verbesserte Selbst- und Handlungskompetenz sowie mehr Gelassenheit und Autonomie.

Ich begegnete den „Grundrichtungen der Persönlichkeit GPI" erstmals in den Neunzigerjahren. Ich bildete damals Frauen und Männer aus und hatte bereits Erfahrungen mit dem einen oder anderen Testverfahren gesammelt. Anlässlich eines Fachvortrags lernte ich den Individualpsychologen Theo Schoenaker kennen, welcher das individualpsychologisch fundierte Modell der „Prioritäten" übernommen, entwickelt und systematisiert hatte. Ich war fasziniert vom durchdachten Fragebogen, dessen klarer Alltagssprache und dem bestechend einfachen Auswertungsprozedere. Vor allem spürte ich, wie das Testverfahren vielen Menschen die Augen öffnete. Sie begannen, über sich und das eigene Denken und Verhalten nachzudenken, fanden eine neue Sprache, um ihr Erleben auszudrücken. Ich liess mich selbst in individualpsychologischer Beratung ausbilden, erwarb den Abschluss als Coach BSO und begann, intensiv mit dem Modell Schoenakers zu arbeiten. Im Lauf der folgenden Jahre konnten wir in den Studiengängen der Coachingplus GmbH und der Akademie für Individualpsychologie nicht nur unsere Kundinnen und Kunden im Testverfahren ausbilden, sondern dieses fortwährend verfeinern, anpassen, erweitern und sukzessive zur vorliegenden Fassung des GPI®-Tests entwickeln. Seit dem Frühjahr 2013 ist der Test unter gpi-coach.ch online aufrufbar.

Der GPI®-Test ist heute in doppelter Hinsicht ein Erfolg: Beratende Fachpersonen können sich je nach Bedarf zum zertifizierten GPI®-Coach oder zum diplomierten GPI®-Teamcoach ausbilden lassen und profitieren so von einem langjährig bewährten Tool, das sie in ihren Beratungsgesprächen flexibel und zielorientiert einsetzen können. GPI®-Coaches können ihre Kundinnen und Kunden besser verstehen, nachvollziehen und beraten. Das Coaching gewinnt an Qualität und eröffnet zusätzliche Entwicklungsperspektiven.

Fach- und Führungspersönlichkeiten sowie Privatpersonen, welche sich im Rahmen eines Coachings weiterentwickeln möchten und den unkomplizierten GPI®-Test absolvieren, lernen sich selbst neu kennen und werden fähig, eigene Muster zu hinterfragen und zu verändern. Die Entdeckungsreise ist deshalb ein beglückender und inspirierender Prozess, da der GPI®-Test für das Leben äusserst gewinnbringend ist. Jeder Mensch, der sich erwartungsvoll auf eine Entdeckungsreise begibt, dabei die Dimensionen seines Fühlens, Denkens und Handelns in einer neuen Qualität erfährt und realisiert, wie viel brach liegendes Potenzial darauf wartet, genutzt und investiert zu werden, wird Lebensfreude und Energie gewinnen und sich optimistisch neue Ziele stecken.

Das vorliegende Buch ist ein Begleiter auf der Reise zu sich selbst. Nach einer kurzen Einführung in das Vermächtnis Alfred Adlers und seiner Individualpsychologie, werden Sie auf erfrischende Weise vier eindrücklichen Persönlichkeiten kennenlernen, welche zwar grundverschieden, aber alle auf ihre Weise einzigartig sind und über einen unerschöpflichen Fundus an Stärken und Möglichkeiten verfügen. Freuen Sie sich auf Susi Geschäftig, Alex Konsequent, Stefan Gemütlich und Gabriela Freundlich.

Die Erkenntnisse, die Sie dabei gewinnen, werden Sie im zweiten Teil des Buches vertiefen können. Es geht darum, wie man sich im Alltag wahrnimmt, reflektiert und neu entfalten kann Ein einfacher Fragekatalog und einige Arbeitsmaterialien unterstützen Sie gegen Ende des Buches bei Ihren ersten Schritten mit dem neu erworbenen Wissen. Freuen Sie sich auf eine spannende Reise und das Geheimnis innerer Ruhe und Stabilität.

Herzlich

Urs. R. Bärtschi

PS: Aus Gründen der Lesbarkeit habe ich mir hin und wieder erlaubt, die männliche Form alleine zu benutzen. Weibliche Leserinnen sind stets gleichwertig angesprochen.

## Literatur

Adler A (1994) Lebensprobleme. Fischer, Frankfurt am Main

# Danksagung

Der grösste Dank gebührt meiner Familie: Jedes Arbeitsblatt, jeder Fachartikel und jedes Coaching-Tool ist in der Reflexion mit meiner Frau Ruth entstanden. Fünfundzwanzig Jahre in sehr artverwandten Berufen unterwegs zu sein, führte zu unzähligen, inspirierenden Gesprächen. Seit dem Studium sind wir mit (und für) Menschen unterwegs. Hunderte geführte Beratungs- und Coaching-Gespräche liessen unseren Erfahrungsfundus anwachsen. Unsere gemeinsame Kreativität, die Eigenheit, die Idee vom Gegenüber immer besser zu finden als die Eigene und die gelebte Gleichwertigkeit führte zu unzähligen Innovationen. Viel Arbeitsmaterial ist durch die Ergänzung unserer beruflichen Beratungskompetenz entstanden: Ruth, Dein Humor, Deine Gelassenheit und Dein Herz, machen mich ganz. Martin Buber hätte gesagt, „Der Mensch wird am Gegenüber zum Du." Als Mitinitiantin und -autorin dieses Buches hast Du viele Stunden am Computer verbracht und Dein Wissen aus fast 20 Jahren Erfahrung in der Individualpsychologie pointiert eingebracht. Danke!

Meine beiden engagierten Töchter Nadine Rachel und Jessica Keren haben mich stets mit ihrer feinen Art unterstützt. Ihre dynamische und frohe Lebensart ist erheiternd und anregend. Nirgends habe ich so viel über das Menschsein gelernt wie bei meiner Familie. Meine Anteile wurden widergespiegelt, und ich durfte erfahren, was mir fehlt. Was ich früher nur gespürt habe, kann ich heute in Worte fassen: Alles, was ich gelernt habe, verdanke ich meinen drei Frauen!

Ein grosses Dankeschön geht auch an Theo Schoenaker. Im letzten Ausbildungsgang in Züntersbach hat er mir in praktischer und anwendbarer Art die Individualpsychologie vermittelt. Die Begegnungen mit Theo waren ermutigend und erfreuend. Kein Buch habe ich so oft weiterempfohlen wie sein Werk „Mut tut gut". Falls Sie es noch nicht kennen: Sie sollten es unbedingt kaufen, lesen und verschenken.

Alfred Adler und seine Theorien zum Menschsein, habe ich durch das Lesen seiner Bücher kennen und schätzen gelernt. 2011 in Wien, durfte ich mich mit seiner über 80-jährigen Enkelin treffen. Ich erinnere mich noch an eine spezifische Anekdote: „Ihr Grossvater hat viel über das Minderwertigkeitsgefühl geschrieben." – „Ja, und er hat es uns allen weitergegeben", war ihre humorvolle, augenzwinkernde Ant-wort. Ich sage mit Stolz, dass ich ein Schüler von Adler, Dreikurs und Schoenaker bin.

Dr. Michael Titzes Feedback gab den letzten Anstoss, dieses Buch zu schreiben: Ihm hatte ich einen Artikel über den Geschäftigen geschickt und seine positive Antwort war sehr ermutigend.

Vielen Dank an André Kesper, der meine Texte redigiert und in diese schöne Form gebracht hat. Ruth Bärtschi für ihre pointierte, fachliche Schlussüberarbeitung des Buches.

Zum Schluss danke ich meinen Seminarteilnehmerinnen und Seminarteilnehmern. Meine Coachingtätigkeit hat mir mein Leben erklärt und es bereichert. Ich danke jedem einzelnen, der zu dieser Vielfalt beigetragen hat.

# Inhaltsverzeichnis

**1 Alfred Adler: Phänomenales Vermächtnis eines Menschenfreunds** ... 1
- 1.1 Menschenfreund .................................. 1
- 1.2 Der rote Faden .................................... 2
- 1.3 Der innere Dialog ................................. 3
- 1.4 Entwicklungsmöglichkeiten ........................ 5
- 1.5 Gewohnte Abläufe reflektieren .................... 5
- 1.6 Selbstverständnis der Individualpsychologie ...... 6
- Literatur ............................................ 7

**2 Die 4 Grundrichtungen** ............................. 9
- 2.1 Sich und seine Mitmenschen verstehen ............. 9
- 2.2 4 Grundrichtungen ................................ 10
- 2.3 Gewinner ......................................... 10
- Literatur ........................................... 11

**3 Die Geschäftigen: Mit 120 % Leistung an die Spitze** ... 13
- 3.1 Generation Speed ................................. 14
- 3.2 Geschäftige im Berufsumfeld ...................... 16
- 3.3 Geschäftige und ihre Beziehungen ................. 17
- 3.4 „Mehr" und „schneller" prägen den Selbstdialog ... 17
- 3.5 Antreiber identifizieren ......................... 18
- 3.6 Ermutigt oder entmutigt? ......................... 20
- Literatur ........................................... 21

## 4 Die Konsequenten: Sicherheit durch Überblick ... 23
- 4.1 Wenn, dann richtig! ... 24
- 4.2 Konsequente im Berufsumfeld ... 25
- 4.3 Kontrolle als Mittel zum Zweck ... 27
- 4.4 Konsequente und ihre Beziehungen ... 28
- 4.5 Ermutigt oder entmutigt? ... 30
- Literatur ... 30

## 5 Die Freundlichen: Diplomatisches Geschick und Teamgeist ... 31
- 5.1 Freundliche im Berufsumfeld ... 33
- 5.2 Freundliche und ihre Beziehungen ... 34
- 5.3 „Ich möchte gemocht werden." ... 34
- 5.4 „Ich darf nicht nein sagen!" ... 35
- 5.5 Ermutigt oder entmutigt? ... 37
- Literatur ... 38

## 6 Die Gemütlichen: Das Geheimnis der Lebensfreude ... 39
- 6.1 Menschen, die sich Zeit nehmen ... 40
- 6.2 Markenzeichen Lebensfreude ... 40
- 6.3 Gemütliche im Berufsumfeld ... 41
- 6.4 Gemütliche und ihre Beziehungen ... 43
- 6.5 Kosten und Gewinn der Grundrichtung „Gemütlich" ... 45
- 6.6 Ermutigt oder entmutigt? ... 45
- Literatur ... 46

## 7 Die 4 Grundrichtungen: Die markanten Ausprägungen im Überblick ... 47
- 7.1 Die vier Grundrichtungen am Arbeitsplatz ... 47
- 7.2 Die vier Grundrichtungen im Beziehungsalltag ... 51

## 8 Entschleunigung: Entwicklungsperspektiven für Geschäftige ... 53
- 8.1 Rhythmus optimieren ... 54
- 8.2 Entspannung geniessen ... 55
- 8.3 Erfolgreich zusammenarbeiten ... 56
- 8.4 Beispiel einer Kompensation und Über- bzw. Fehlkompensation ... 57
- Literatur ... 59

## 9 Gelassenheit: Entwicklungsperspektiven für Konsequente ... 61
- 9.1 Mut zur Unvollkommenheit ... 62
- 9.2 Mut zu Entscheidungen ... 63
- 9.3 Mut zu Emotionen ... 63
- Literatur ... 65

| | | |
|---|---|---|
| **10** | **Selbstmanagement: Entwicklungsperspektiven für Freundliche** | 67 |
| | 10.1 Erheben Sie Ihre Stimme! | 68 |
| | 10.2 Selbstbild und Selbstbewusstsein | 69 |
| | 10.3 Selbstwert | 70 |
| | 10.4 Selbstbestimmung | 71 |
| | Literatur | 72 |
| **11** | **Freiwilligkeit: Entwicklungsperspektiven für Gemütliche** | 73 |
| | 11.1 Zeit aufwerten | 75 |
| | 11.2 Sich Zeit zugestehen | 75 |
| | 11.3 Zeit managen | 75 |
| | 11.4 Zeit ausgewogen strukturieren | 76 |
| | 11.5 Zeit nutzen und sparen | 77 |
| | 11.6 Zeit geniessen | 77 |
| | Literatur | 78 |
| **12** | **Kombinationen aus den Grundrichtungen** | 79 |
| | 12.1 Erstellen Sie eine Rangliste | 79 |
| | 12.2 Mischformen – alle Kombinationen sind möglich | 80 |
| | 12.3 Zweier-, Dreier- und Vierer-Typen | 83 |
| **13** | **Der innere Dialog: Debatten und Gespräche mit sich selbst** | 87 |
| | 13.1 Die innere Bühne | 87 |
| | 13.2 Hauptdarsteller | 88 |
| | 13.3 Innere Bühne im Zentrum des Coaching-Gesprächs | 97 |
| | Literatur | 97 |
| **14** | **Selbstsabotage – der Saboteur in uns** | 99 |
| | 14.1 Bitte, nur nicht mich | 100 |
| | 14.2 Selbstsabotage ist menschlich | 100 |
| | 14.3 Selbstsabotage als Not- und Schutzprogramm | 102 |
| | 14.4 Automatisierte Programme | 103 |
| | 14.5 Die Selbstsabotage funktioniert 100%ig | 104 |
| | 14.6 Die vier Grundrichtungen in der Selbstsabotage | 104 |
| | 14.7 Der Geschäftige in der Selbstsabotage | 105 |
| | 14.8 Der Konsequente in der Selbstsabotage | 105 |
| | 14.9 Der Freundliche in der Selbstsabotage | 106 |
| | 14.10 Der Gemütliche in der Selbstsabotage | 107 |
| | 14.11 Mind Reset – weil es Ihr Leben ist! | 107 |
| | Literatur | 109 |

| | | | |
|---|---|---|---|
| **15** | **Sprechen Sie die Sprache Ihres Gegenübers** | | 111 |
| **16** | **Coaching als Erfolgsrezept: Veränderung unter professioneller Anleitung** | | 113 |
| | 16.1 | Etabliertes Coaching | 114 |
| | 16.2 | Die Anfänge: Vom Sport in die Wirtschaft | 114 |
| | 16.3 | Coaching-Essenzen | 115 |
| | Literatur | | 116 |
| **17** | **Ich bin mein eigener Coach: Zusammenfassung und Ausblick** | | 117 |
| **18** | **Anhang: Das Testverfahren GPI®** | | 119 |
| | 18.1 | Auf dem Weg zum ersten Fragebogen: Hippokrates, Adler, Schoenaker | 119 |
| | 18.2 | Testverfahren GPI®: Wertvolles Wissen und zahlreiche Arbeitstechniken | 120 |
| | 18.3 | Stärken stärken | 120 |
| | 18.4 | Anwendungen in der Praxis: Entdecken und entfalten der Stärken | 121 |
| | 18.5 | „Ich werde GPI® Coach!" | 121 |
| | 18.6 | Zertifizierter GPI® Coach: Zeichen setzen | 122 |
| | Literatur | | 122 |

# Über den Autor

Urs R. Bärtschi ist selbstständiger Coach und Trainer. Die Erfolgsgeschichte seines zehntägigen Studiengangs für angewandtes Coaching begann 1998 mit dem Wunsch, das praktische Handwerk des Coachings weiterzugeben und andere Menschen für den beruflichen und privaten Alltag zu stärken. Seit 2000 hat Urs R. Bärtschi im Rahmen des zehntägigen *Studiengangs für angewandtes Coaching* mehrere hundert Personen ausgebildet, seit 2002 unter dem Namen Coachingplus. Das Plus steht für den spürbaren Mehrwert, der den Kursteilnehmenden geboten wird. Sie sollen sich nach jedem einzelnen Seminartag gestärkt fühlen. Das Logo wird durch den Schriftzug „Training & Empowerment" ergänzt. Der Claim lädt ein, den Fokus auf die eigene Persönlichkeit zu legen, sie besser zu verstehen, Stärken zu kultivieren und Ziele zu erreichen. Das wiederum führt zwangsläufig zu einer gesteigerten Lebensqualität.

Urs R. Bärtschi hat in den letzten Jahren regelmässig Fachartikel publiziert, die in ihrer klaren Struktur und in ihrem kompakten Aufbau in 15 Minuten Einblick in aktuelle Coaching-Themen gewähren. Die überragende Anzahl der Downloads und die positiven Feedbacks führten dazu, dieses Buch zu veröffentlichen.

**Kontakt auf Autorenseite**
**Dialog mit Urs R. Bärtschi**
   Gerne beantworte ich Ihre Fragen! Sie erreichen mich unter:
   www.coachingplus.ch
   info@coachingplus.ch
   **Möchten Sie es wissen?**
   Hier finden Sie weitere Informationen:
   www.gpi-coach.ch
   **Klicken Sie sich rein!**
   Hier erhalten Sie weiteres Zusatzmaterial und Arbeitsblätter:
   www.ich-bin-mein-eigener-coach.ch

# Alfred Adler: Phänomenales Vermächtnis eines Menschenfreunds

Bevor wir uns ausführlich mit den vier Grundrichtungen der Persönlichkeit und dem GPI®-Testverfahren beschäftigen, lassen Sie uns ein gutes Jahrhundert zurückblicken und uns dem Mann zuwenden, der als Begründer der Individualpsychologie gilt: dem österreichischen Arzt und Psychotherapeuten Alfred Adler.

## 1.1 Menschenfreund

Alfred Adler wurde 1870 als zweites von sechs Geschwistern in Wien geboren (Gröner o. J.). Im Alter von fünf Jahren erkrankte er an einer schweren Lungenentzündung. Die Krankheit sollte sein Berufsleben nachhaltig beeinflussen: Im Bestreben, den Tod überwinden zu können, entschied sich der junge Adler, Arzt zu werden. 1895 setzte er dieses Ziel in die Tat um und doktorierte als Mediziner an der Universität Wien. Sein erstes Buch, welches er drei Jahre nach seiner Dissertation veröffentlichte, zeigte bereits erste Ansätze seiner menschlichen Grundhaltung: Es handelte von der Gesundheit des Berufsstands der Schneider (Adler 1898), die damals unter schwierigsten Arbeitsbedingungen litten.

Richtungsweisend in Adlers Leben war die Beziehung zum Psychoanalytiker Sig-mund Freud, dessen Studiengruppe er bis 1911 angehörte (Rieken et al. 2011, S. 45). Als er im Lauf der Jahre begann, seine Gedanken und Einsichten in ein neues Konzept zu bringen, trat er aus der Gemeinschaft aus und gründete seine eigene Gruppe. Seinem Denksystem und seiner späteren Lehre verlieh er den Titel

© Springer Fachmedien Wiesbaden GmbH, ein Teil von Springer Nature 2020
U. R. Bärtschi, *Ich bin mein eigener Coach*,
https://doi.org/10.1007/978-3-658-30498-0_1

„Individualpsychologie". Dieses Wort, vom lateinischen „individere" (unspaltbar) abgeleitet, zeigt das Denken Alfred Adlers in Bezug auf die Ganzheitlichkeit des Menschen und seine Zugehörigkeit in die Gemeinschaft.

Adler verstand sich stets als Mann des Volkes, lehrte Mitmenschlichkeit und lebte diese selber. Sein Ziel war eine einfache, praktische Psychologie, die von allen verstanden werden konnte. Er hatte ein grundsätzlich positives Menschenbild. Er erklärte, Blockaden und Verfehlungen seien stets auf die „Lebensstrategie" zurückzuführen, die sich jeder Mensch aufgrund seiner frühkindlichen Erfahrungen zurechtgelegt habe (Adler 1996, S. 66). Wer sich selbst reflektiere, könne sich aus den eigenen Zwängen befreien und ein glückliches Leben führen. Neben dem Aufbau seiner Lehre engagierte sich Alfred Adler unter anderem in der Erziehungsberatung und postulierte dabei die konsequente Gleichwertigkeit aller Menschen, die sich etwa darin äusserte, dass Schülern dieselben Mitspracherechte eingeräumt werden sollten wie ihren Lehrern.

Nachdem Adler 1936 eine Professur in medizinischer Psychologie am Long Island College of Medicine (Gröner o. J.) erhalten hatte und endgültig in die USA übergesiedelt war, starb er 1937 überraschend während einer Reise.

## 1.2 Der rote Faden

> Wir sind nicht in der Lage, zu denken, zu fühlen, zu wollen, zu handeln, ohne dass uns ein Ziel vorschwebt. (Adler 1992, S. 21)

Adler war überzeugt, dass die Kindheit besonders prägend für die Entwicklung der Persönlichkeit sei. Der Mensch sei in den ersten Lebensjahren besonders lernbegierig und bilde sich schon bald eine eigene Meinung über sich selbst, über das Leben und seine Umwelt. Er entwickle seine ganz eigene Lebensstrategie, quasi sein persönliches Navigationssystem, um sich seinen festen Platz in der Welt zu sichern und dem eigenen Selbst einen Wert zu geben. Diese Strategie entwickelt sich, laut Adler, aus der eigenen schöpferischen Kraft, aufgrund von Beobachtungen und Erfahrungen des Kindes mit der Umwelt, der Gemeinschaft mit ihren individuellen Facetten und der Familie als sozialem Bezugssystem. Wer seine Lebensstrategie entworfen hat, entwickelt daraus ein Grundmuster, das festen Denk- und Handlungsabläufen folgt und sich als „roter Faden" durch das ganze Leben zieht. Oft lässt sich ein solcher Leitfaden mit wenigen Sätzen zusammenfassen. Es geht um eine Art „Programm", das in unzähliger Folge immer wieder durchgespielt wird.

Um dies zu veranschaulichen, stellen wir uns eine Person mit folgender Grundüberzeugung vor: „Ich muss überdurchschnittlich gut sein, um mir meinen Platz sichern zu können. Deshalb darf ich in meinen Bemühungen niemals nachlassen." Wer dieser Grundüberzeugung folgt, wird sich, laut Adler, seine These im Leben immer wieder bestätigen lassen (Ansbacher und Ansbacher 1995, S. 160). Bei allem, was er tut, schwingt stets der unbewusste Anspruch, „in den Bemühungen niemals nachzulassen" das Zepter, und die Person wird nicht eher ruhen, bis sie das Ziel, „überdurchschnittlich gut zu sein" erreicht hat. Denn nun ist auch der Selbstwert gesichert. Im Hinblick darauf, dass der erreichte Zustand anschliessend konstant gehalten werden muss, führt der „rote Faden" unweigerlich zu einem anstrengenden Leben voller Druck, Verbissenheit und Erschöpfung. Die Person hat sich dieses Muster während ihrer Kindheit durch entsprechende Erkenntnisse und Schlussfolgerungen angeeignet und nimmt ihre Umwelt und sich selbst mit der stets gleich gefärbten Brille und dem stets selben Resultat wahr: „Das Leben ist anstrengend und fordert von mir ständige Höchstleistung". Wird das Resultat als Endprodukt einer Kette erkannt, kann auch eine Verbindung zum ersten Kettenglied (Grundüberzeugung) hergestellt werden und damit nicht nur wertvolles und wichtiges Wissen über sich selbst, sondern auch der Schlüssel zur Veränderung gewonnen werden.

Adler umschrieb dies mit dem Begriff „Lebensstil", der Kanadier Eric Berne (Stewart 1992) sprach später vom „Lebensskript".

Wer den roten Faden seines Lebens ausfindig machen möchte, dem hilft möglicherweise eine Aussage des Individualpsychologen Theo Schoenaker:

> Wenn ich wissen will, was ich wirklich will, muss ich schauen, was ich tue und was dadurch passiert. (Schoenaker 1996)

## 1.3 Der innere Dialog

Der Mensch hat seine Rolle als Hauptdarsteller auf der Bühne seines Lebens bis ins Detail einstudiert, tausendfach geübt und kann sie meist aus dem Stegreif spielen. So wie Schauspieler während intensiver Dreharbeiten im Privatleben eins werden mit ihrer Rolle, so verinnerlicht auch der Mensch seinen Lebensstil. Denkweisen, Überzeugungen sowie Handlungsschemata werden so selbstverständlich, dass man sich ihrer gar nicht mehr bewusst ist.

Von Adler bereits erkannt und durch moderne wissenschaftliche Erkenntnisse mehrfach belegt, gibt es zur Verwirklichung des eigenen Lebensskripts eine besonders erfolgreiche Methode: das Selbstgespräch. In der Individualpsychologie spricht man auch vom „inneren Dialog". Laut neuesten Studien führt der Mensch täglich bis zu 4000 Selbstgespräche (Bärtschi 2019), wovon 95 % Dialoge sind, welche bereits mehrfach geführt wurden, manchmal täglich. Sie werden aufgrund der Erfahrungen aus der Kindheit formuliert und im Laufe des Lebens bestätigt und gefestigt. Es scheint so, als würde sich der Mensch immer wieder Lebenssituationen schaffen, in welche seine vorgefertigten Selbstgespräche passen.

Man stelle sich vor, die Anzahl dieser inneren Dialoge sei genauso beschränkt wie die Anzahl der Songs auf einem iPod: Dies würde bedeuten, dass wir erstens nur eine eingeschränkte Auswahl an Inhalten zur Verfügung haben und zweitens dieselben Inhalte dauernd wiederholen. Die Neurowissenschaft hat eine einfache Erklärung dafür: Sich wiederholende Gedanken können in den immer gleichen neuronalen Pfaden verlaufen. Für neue Gedanken müssten im Hirn neue Gedankenwege geschaffen werden. Dies ist zwar durchaus möglich, benötigt allerdings einen starken Willen, Ausdauer sowie fleissiges und konsequentes Training.

Da sie grundsätzlich darauf angelegt sind, dem „roten Faden" zu folgen und das Lebensskript zu verwirklichen, sind Selbstgespräche zielführend. Sie schaffen bisweilen Alibis oder gar Selbsttäuschungsmanöver.

Dazu ein Beispiel aus einem Coaching-Gespräch: Mein Kunde beklagte sich darüber, dass seine Mitmenschen meist die besseren Stellenangebote erhielten und die schöneren Häuser kaufen könnten. Er selbst höre leider immer viel zu spät von diesen Angeboten. „Zu spät davon hören" war sein Alibi, das wunderbar in sein Lebenskonzept „andere haben es besser als ich" passte. Dass ihm in den beklagten Situationen seine zögerliche Art und seine Unsicherheit den Weg zur Wiederholung dieses inneren Skripts bahnten und damit die Realisierung seiner Wünsche verhinderten, erkannte er erst nach eingehender Selbstreflexion.

Entschuldigungen wie: „Wenn ich besser reden könnte, würde ich ihm meine Meinung sagen", oder: „Mir fehlt die Erfahrung, sonst hätte ich es geschafft", klingen gegenüber Drittpersonen zwar plausibel, nennen allerdings die wahren Gründe für Misserfolge nicht, sondern sind nur dazu da, die eigene Strategie und das Selbstwertgefühl aufrechtzuerhalten.

In Selbstgesprächen kommen oft dieselben Schlüsselbegriffe vor: Einer davon heisst „müssen". „Ich habe keine andere Wahl, ich muss … ", wird argumentiert und gleichzeitig das Recht auf autonome eigene Entscheidungen verdrängt. Ein anderes bekanntes Schlüsselwort lautet „aber". Mit Formulierungen wie: „Das ist richtig, aber … ", wird eine Aussage relativiert oder gar negiert. Auch Verallgemeinerungen und absolute Ausdrücke wie „niemals" oder „immer" sowie „keine" oder „alle" sind typisch für Selbstgespräche, die zwar Bekanntes reproduzieren und im besten Fall Sicherheit vermitteln, auf lange Frist aber für das eigene Leben kontraproduktiv sind und einen nicht weiterbringen.

## 1.4 Entwicklungsmöglichkeiten

Obwohl Adler die bestimmende Kraft eines Lebensskripts betonte und darauf hinwies, wie sich manche Menschen durch ihre inneren Dialoge um Entwicklung und Erfolg bringen, ging er stets davon aus, dass Veränderung möglich ist. Aus seiner Sicht ist der Mensch beziehungs- und entwicklungsfähig und dadurch in der Lage, bei geeigneten Rahmenbedingungen zu einem sozialkompetenten, kooperativen Wesen heranzuwachsen. Unter Rahmenbedingungen verstand er in erster Linie eine Umgebung, die von einem positiven Menschenbild sowie Gemeinschaft, Zuwendung, Ermutigung und Optimismus geprägt sein sollte. Allerdings wusste Adler, dass Veränderungen nicht nur Erkenntnis, sondern auch Mut benötigen (Dreikurs und Blumenthal 1992, S. 309).

## 1.5 Gewohnte Abläufe reflektieren

Eigene Gewohnheiten zu überdenken, kann unbequem sein, während wiederholte Abläufe Sicherheit vermitteln. Insbesondere in ruhigen, erfolgreichen und glücklichen Lebensphasen neigen viele Menschen dazu, in bekannten Mustern zu verharren. Schliesslich halten Routine im Arbeitsalltag und ein geregelter Wochenablauf keine bösen Überraschungen bereit und sparen vermeintlich Energie. In anspruchsvolleren Zeiten oder in Krisen, in denen Veränderungen angezeigt wären, fehlt oft die Kraft dazu, und in hektischen, durch berufliche Aktivität geprägten Jahren fehlt die Zeit. Tatsächlich ist mir als Coach in meiner langjährigen Tätigkeit aufgefallen, dass zwei Personengruppen besonders resistent gegenüber Selbstreflexion und Veränderungswillen sind: einerseits die ausgeprägt aktiven, andrerseits die überdurchschnittlich zufriedenen Menschen. Daraus ergeben sich durchaus Gefahren: Wer ständig in denselben Bahnen läuft, verliert sukzessive die Fähigkeit, sich und sein Umfeld zu hinterfragen. Man wird leicht träge und immun gegenüber Fortschritt und Innovation. Wenn dann das Leben durch Reformen am Arbeitsplatz oder durch private Ereignisse und Schicksalsschläge plötzlich radikale Umstellungen verlangt, wird es umso schwieriger, gewohnte Abläufe und Gegebenheiten loszulassen.

Dabei geht es in einer konstruktiven Persönlichkeitsentwicklung weniger darum, schnelle Veränderungen anzustreben, als vielmehr zu lernen, sich selbst und seine Denk- und Verhaltensmuster sorgfältig wahrzunehmen und zu reflektieren. Besonders gewinnbringend ist dabei das bewusste Hören auf die leisen inneren Dialoge. Welche „Glaubenssätze" werden häufig wiederholt und dadurch permanent bestätigt? Nicht immer sind die festen, inneren Überzeugungen dabei so direktiv wie der Anspruch: „Sei perfekt!" Sie können sich auch in sympathischeren und zurückhaltenderen Formulierungen verstecken wie: „Helfen ist das Wichtigste" und sich dabei genauso lebensbestimmend auswirken. Viele innere Leitlinien sind dabei weder grundsätzlich destruktiv noch konstruktiv. „Nur keine Langeweile!" kann das Leben bereichern und gleichzeitig erschöpfen. „Alles oder nichts" kann je nach Lebenslage zu notwendigen Konsequenzen ermutigen oder einen unerwünschten Abbruch einer beruflichen oder privaten Beziehung provozieren.

Für Adler war klar, dass Veränderung nur über Selbstreflexion führen kann. Wer blockierende innere Dialoge und Überzeugungen entdeckt und deren Folgen realisiert, erhält dadurch den entscheidenden Impuls zur Entwicklung. Manche achtsamen Menschen sind in der Lage, Selbstreflexion selbst zu steuern (wenn auch nur bedingt). Andere nehmen dazu professionelle Unterstützung, etwa durch ein Coaching, in Anspruch.

## 1.6 Selbstverständnis der Individualpsychologie

Zusammenfassend besteht das Vermächtnis Alfred Adlers in der optimistischen Grundhaltung, dass der Mensch in der Lage ist, sich selbst zu hinterfragen und zu reflektieren sowie sich gezielt zu verändern und dadurch beruflich und privat erfolgreicher zu werden.

Das individualpsychologische Menschenbild (Bärtschi 2013) lehrt, dass:

- jeder Mensch in sich selbst wertvolles Entfaltungspotenzial trägt, welches entdeckt und gefördert werden sollte.
- hinter Persönlichkeitsentwicklung und Verhalten stets eine individuelle Geschichte bzw. ein Lebensskript steht.
- Kommunikation und Konflikte auf subjektiver Selbst- und Fremdwahrnehmung, persönlichem Lebensstil sowie privater Logik beruhen.
- Menschen bereit zur Veränderung sind, wenn sie ermutigt und unterstützt werden (Schoenaker 1996, S. 7).

Adler war davon überzeugt, dass man einen Menschen erst dann verstehen kann, wenn man sein Navigationssystem erkannt hat. Und da das Lebensskript, geprägt durch den Blick durch eine gefärbte Brille, stets ein Stück Unfreiheit bedeutet und das persönliche Verhaltensrepertoire einschränkt, gilt es, die inneren Leitlinien und Denkmuster zu entdecken und zu erweitern (Schoenaker 1996, S. 65). Zu diesem anspruchsvollen wie faszinierenden Prozess möchte dieses Buch anregen und konkrete Hilfe bieten. Es nimmt die Ansätze Alfred Adlers und dessen Individualpsychologie (Schmidt 1995, S. 24) auf und erweitert sie durch griffige und erprobte Praxis-Tools.

Zudem bietet es der interessierten Leserschaft nicht nur die Chance, sich selbst zu reflektieren, sondern als Führungsperson auch in Teamkonstellationen und -prozessen professioneller agieren zu können. Es schärft den Blick für eigene Muster sowie für typische Denk- und Verhaltensweisen derjenigen Menschen, die man im beruflichen und privaten Umfeld begleitet.

## Literatur

Adler A (1898) Gesundheitsbuch für das Schneidergewerbe. Wegweiser der Gewerbehygiene. Rathgeber zur Verhütung von Gewerbekrankheiten und Betriebsunfällen. Carl Heymanns, Berlin

Adler A (1992) Praxis und Theorie der Menschenkenntnis. Tausend, Frankfurt

Adler A (1996) Der Sinn des Lebens. Fischer, Frankfurt

Ansbacher HL, Ansbacher RR (Hrsg) (1995) Alfred Adlers Individualpsychologie, 4. Aufl. Reinhardt, Basel

Bärtschi UR (2013) Selbstvertrauen – Schritte zu einem tragfähigen Selbstbild. https://urs-r-baertschi-coaching.ch/produkt/26-selbstvertrauen-schritte-zu-einem-tragfaehigen-selbstbild/. Zugegriffen am 15.06.2020

Bärtschi UR (2019) Coaching Serie – 4000 Selbstgespräche pro Tag. https://www.youtube.com/watch?v=Urj55yrZUsY. Zugegriffen am 18.06.2020

Dreikurs R, Blumenthal E (1992) Eltern und Kinder – Freunde oder Feinde, 2. Aufl. Deutscher Taschenbuch, Stuttgart

Gröner H (o. J.) Zeittafel Alfred Adler – Biografie, Reisen, Hauptwerke. https://www.dgip.de/index.php/chronik/alfred-adler. Zugegriffen am 15.06.2020

Rieken B, Sindelar B, Stephenson T (2011) Psychoanalytische Individualpsychologie in Theorie und Praxis, 1. Aufl. Springer, Wien

Schmidt R (1995) Kausalität Finalität und Freiheit, 1. Aufl. E. Reinhardt, Basel

Schoenaker T (1996) Mut tut gut, 5. Aufl. RDI, Stuttgart

Stewart I (1992) Eric Berne. Key Figures in Counselling and Psychotherapy series. Sage Publications, London

# Die 4 Grundrichtungen 2

Die Individualpsychologie Alfred Adlers geht davon aus, dass sich jeder Mensch aufgrund seiner frühkindlichen Erfahrungen ein Lebensskript zurechtlegt. Planung und Gestaltung des Lebens folgen einem ‚roten Faden' und ordnen sich einem unbewussten Ziel unter. Mit der Zeit manifestieren sich dabei innere Überzeugungen und Grundhaltungen, welche ohne Selbstreflexion in ausgeprägten Denk- und Verhaltensmustern erstarren.

## 2.1 Sich und seine Mitmenschen verstehen

Die einzige erfolgsversprechende Möglichkeit, festgefahrene Gewohnheiten zu erkennen und schrittweise zu verändern, gründet in der vertieften Auseinandersetzung mit der eigenen Persönlichkeit. Der Psychologe und Persönlichkeitsforscher Julius Kuhl formulierte kürzlich in einem Fachmagazin:

> In den letzten Jahren ist immer klarer geworden, dass wir Motivation noch stärker mit der ganzen Persönlichkeit verbinden müssen, als wir das bisher getan haben. (Bähler 2012)

Was er damit anspricht: Nachhaltige Veränderung des Denkens und Verhaltens ist nur möglich, wenn man die ganzheitliche Persönlichkeit mit all ihren Facetten und Ausprägungen einbezieht. In der Akademie für Individualpsychologie und in den Studiengängen von Coachingplus arbeiten wir seit Jahren erfolgreich mit einem griffigen Modell: dem Testverfahren GPI®. Diese Technik gibt einen Teil unseres Lebensskripts frei. Bereits der Individualpsychologe Theo Schoenaker, der den Grundstein zu diesem Modell legte (Schoenaker und Schottky 2008), erkannte, dass sich Persönlichkeit in vier Grundrichtungen einteilen lässt. In seiner langjährigen Tätigkeit als Individualpsychologe und Berater begegnete er immer wieder vier prägnanten Einstellungen, die das Leben mitbestimmen. Wir haben das Modell von Schoenaker im Lauf der letzten Jahre sukzessive erweitert und den aktuellen wissenschaftlichen Erkenntnissen angepasst.

## 2.2   4 Grundrichtungen

Das GPI®-Modell kennt vier Grundrichtungen der Persönlichkeit: Geschäftig, Konsequent, Freundlich, Gemütlich. Es geht davon aus, dass sich jeder Mensch aufgrund seiner frühkindlichen Erfahrungen in bestimmte Grundrichtungen entwickelt hat. Dabei ist zu bemerken, dass der Mensch Anteile aller vier Grundrichtungen besitzt, jedoch in unterschiedlicher Stärke. In vielen Fällen erweist sich allerdings eine der vier Grundrichtungen als dominant. Die Grundrichtungen sind ein Teil des Lebensstils. In der Grundrichtung wird deutlich:

- welcher übergeordneten Zielsetzung ein Mensch folgt,
- wo Stärken und Chancen sowie Grenzen liegen,
- welche Denk- bzw. Handlungsmuster umgesetzt werden,
- welches Entwicklungspotenzial genutzt werden kann.

## 2.3   Gewinner

Das GPI®-Modell kennt ausschliesslich Gewinner! Jede Grundrichtung ist gleichwertig und enthält sowohl Chancen und Vorteile als auch Schwächen und Gefahren. Wer sich selbst differenziert wahrnimmt und bejaht, erschliesst sich fantastische Entwicklungschancen. Er entdeckt konkrete, handlungsorientierte Wege zur Ausschöpfung des eigenen Potenzials. Und mehr!

In meinen Seminaren ist der Fokus nebst den theoretischen Grundlagen auf die praktischen Coaching-Tools gelegt. Denn diese lassen sich im Alltag konkret und unkompliziert anwenden. Mehrere hundert Personen besuchten bisher den 10-tägigen Studiengang für angewandtes Coaching und erlebten Folgendes:

Erster Seminartag, nach einer Einführung des Testverfahrens GPI von zwei bis drei Stunden: „Bitte stellen Sie sich im Raum auf. In jede Ecke eine bestimmte Grundrichtung, in der Mitte die Teilnehmer mit ‚unklarem' Testergebnis" das heisst „Dreier- oder Vierertypen (siehe Kap. 12)", so meine Anweisung. Nun wird sichtbar, was vorher Theorie war: Die Gruppe ist aufgeteilt und es stellen sich staunende Aha-Effekte ein. „So unterschiedlich sind wir?" „So viele Männer sind ‚Freundliche'?" „So viele Frauen ‚Geschäftige'?" Es gibt im Modell der Grundrichtungen keine typischen Frauen- oder Männerrollen. Durch die beiden Geschlechter hindurch ist die Verteilung meist sehr gleichmässig. Dies erstaunt manche und lässt andere, gewohnte Männer- bzw. Frauenbilder und Rollen zumindest überdenken.

In den kommenden vier Kapiteln werden Sie den vier Grundrichtungen der Persönlichkeit auf unterhaltsame und informative Weise begegnen und dabei das eine oder andere Aha-Erlebnis geniessen. Der Schriftsteller Ödön von Horváth brachte das Thema der unterschiedlichen Facetten der Persönlichkeit charmant auf den Punkt:

Ich bin eigentlich ganz anders, aber ich komme so selten dazu. (Horváth 1978, S. 67)

## Literatur

Bähler R (2012) Motivation als Ausdruck der Persönlichkeit. Interview mit Prof. Dr. Julius Kuhl. https://docplayer.org/9177840-Motivation-als-ausdruck-der-persoenlichkeit.html. Zugegriffen am 18.06.2020

von Horváth Ö (1978) Gesammelte Werke, Bd 2, 2. Aufl. Suhrkamp, Berlin

Schoenaker T, Schottky A (2008) Was bestimmt mein Leben? Wie man die Grundrichtung des eigenen Ich erkennt, 12. Aufl. RDI, Bocholt

# Die Geschäftigen: Mit 120 % Leistung an die Spitze

**Herausforderung und Vorwärtsdrang**
Frau Susi Geschäftig, Ende dreissig, Marketingfachfrau in einem internationalen Konzern, vereinbarte einige Coaching-Termine zur Klärung ihrer weiteren beruflichen Karriere.

Dynamisch wirbelt sie durch den Eingangsbereich und eilt zielstrebig auf das Gesprächszimmer zu. Sie hält sich nicht lange mit einleitenden Bemerkungen auf und berichtet stolz von ihren beruflichen Erfolgen. Dabei schildert sie ihre Laufbahn und die erreichten Etappenziele und macht deutlich, dass sie keinen Stillstand mag. Ihr Anspruch ist das zügige Vorwärtskommen, ihr Motor der ausgeprägte Ehrgeiz.

An ihrem letzten Arbeitsplatz habe einiges nicht gepasst, erzählt sie, und sie habe ihre Stelle deshalb etwas hastig gewechselt. Selbst aus ihrer Sicht sei alles zu schnell gegangen. Der gegenwärtige Job sei zwar in Ordnung, allerdings biete er keine grosse Herausforderung. Während sie dies sagt, sind Bedauern und leise Enttäuschung erkennbar. Sie schildert ohne inneres Feuer oder Leidenschaft einige berufliche Erlebnisse. Nach wenigen Sätzen blendet sie abrupt zurück und beschreibt ihre vorletzte Stelle, welche sie aus privaten Gründen vor zwei Jahren habe aufgeben müssen. Klar, das viele Fliegen sei mit der Zeit anstrengend gewesen, doch es sei eben kein Nullacht-fünfzehn-Job gewesen: regelmässig neue Projekte, viel Verantwortung,

> immer in Bewegung. Sie habe die vereinbarten Ziele mehr als übertroffen und bei ihrem Weggang eine kaum ausfüllbare Lücke hinterlassen.
> Dann richtet sie mit einem unüberhörbaren Seufzer den Fokus wieder auf die aktuelle Stelle. Der jetzige Job sei bestimmt besser für ihre Work-Life-Balance, meint sie mit wenig Begeisterung. Zunächst habe sie dies ja auch geschätzt, aber die latente Befürchtung, sie könnte auf dem Abstellgleis landen, lasse sie nicht los …

## 3.1 Generation Speed

Susi Geschäftig gehört ebenso wie Jochen Zeitz, Ex-Puma-Chef, zum Typus der geschäftigen Menschen. Zeitz machte einst die bemerkenswerte Selbstaussage: „Ich werde nervös, wenn nichts zu tun ist." (Wehrle 2010, S. 103). Damit brachte er den Anspruch geschäftiger Persönlichkeiten auf den Punkt: etwas bewegen und dabei um jeden Preis Stagnation, Leerlauf oder Passivität vermeiden. Geschäftige sind bereit, mehr als andere zu leisten. Sie sind sich bewusst, dass sich die Spitzenposition nicht mit Durchschnittlichkeit erreichen und verteidigen lässt. Sie passen perfekt zur ‚Generation Speed', welche den Zeitgeist und den atemberaubenden technologischen Fortschritt repräsentiert: mobil, flexibel sowie 24 Stunden erreichbar.

Die Globalisierung hat der ‚Generation Speed' ungeahnte Möglichkeiten eröffnet: Während im Industriezeitalter die Fabriktore bei Arbeitsschluss geschlossen wurden, wird heute rund um die Uhr kommuniziert und gearbeitet. Der Zugriff auf Daten und Dokumente ist online unbeschränkt gewährleistet. Ideen, Konzepte und Pläne können jederzeit ausgetauscht und besprochen werden. Ansprechpartner sind per Mail, Mobile-Phone, Skype oder Videokonferenz nach Bedarf Tag und Nacht erreichbar. Die neuen Bedingungen erfordern dabei neue Einstellungen und Gewohnheiten: Wer die Stellenanzeigen im Executive Search studiert, erkennt schnell, dass heute in erster Linie Belastbarkeit, Flexibilität und Mobilität gefragt sind. Die Bereitschaft, für einige Monate nach Boston, Singapur, Hongkong oder Dubai zu ziehen, in einem Intensivkurs Chinesisch zu lernen oder sich autodidaktisch Wissen über eine neue Technologie anzueignen, wird vorausgesetzt. In einer Zeit, in welcher selbst etablierte Konzerne kämpfen, um mit den permanenten Veränderungen Schritt halten zu können, erreicht der Anspruch an Leistungsbereitschaft und -fähigkeit eine neue Dimension. Entsprechend werden in zahlreichen Branchen und Firmen geschäftige Persönlichkeiten gezielt gefördert.

## 3.1 Generation Speed

**Aus der Praxis**
Ich konfrontiere Susi Geschäftig mit der Frage, ob noch andere Menschen so schnell unterwegs seien wie sie. Sie horcht kurz auf und erzählt mir dann spontan eine Geschichte:

Kürzlich sei sie mit einigen Freunden in einer Grossstadt unterwegs gewesen. Sie habe sich sehr auf das freie Wochenende gefreut und bereits einige Tage im Voraus Pläne geschmiedet. Bereits nach einem halben Tag hätten ihr allerdings ihre Begleiter zu verstehen gegeben, sie hätten keine Lust, das ganze Wochenende durch die Stadt zu rennen … Erst im Nachhinein sei ihr bewusst geworden, dass ihr Schritttempo tatsächlich immer schneller als das der anderen gewesen sei. Sie habe alle paar Meter warten müssen und ihre Freunde regelmässig zu etwas mehr Eile aufgefordert. Es sei ihr eben wichtig, Neues zu entdecken und zu erleben. Und wenn sie schon einmal die Gelegenheit habe, eine neue Stadt zu besuchen, dann wolle sie dort doch die interessantesten Plätze, die berühmtesten Museen oder die exquisitesten Restaurants geniessen. Mit einem zufriedenen Schmunzeln erwähnt sie beiläufig, dass ihre Begleiter ihr jeweils nicht nur die Wahl des Lokals, sondern auch des passenden Weins überlassen hätten. Sie gelte eben als anspruchsvolle Weinkennerin …

Ob es denn auch Menschen gebe, die noch schneller als sie unterwegs seien, möchte ich von ihr wissen. Sie scheint sich offensichtlich über die Frage zu amüsieren und wiederholt sie genüsslich, bevor sie die wenig überraschende Antwort formuliert: Nein, sie kenne niemanden. Bereits als Kind sei sie die 100 Meter schneller gelaufen als ihr grosser Bruder. Während sie stolz gewesen sei und sich gefreut habe, hätte er sich darüber stets geärgert. Heute mache sie im Arbeitsalltag oft dieselben Erlebnisse: Sie laufe im übertragenen Sinn häufig bedeutend schneller als ihre Teamkollegen: sie denke schneller, entscheide rascher und handle spontaner. Ihre Ideen und Impulse kämen eben oft blitzschnell, und dann könne und wolle sie nicht warten. Zudem schätze sie es, wenn sie entscheidende Anstösse geben und aktiv zum Fortschritt beitragen könne. Manche Mitarbeitenden seien damit bisweilen ein wenig überfordert.

Hatten Sie beim Lesen den Eindruck, Sie hätten sich ganz oder teilweise selbst in Susi Geschäftig erkannt? Möglicherweise tragen Sie Persönlichkeitsanteile der geschäftigen Persönlichkeit in sich.

## 3.2 Geschäftige im Berufsumfeld

Geschäftige sind im Berufsleben häufig sehr erfolgreich: Sie haben klare Ziele vor Augen und zeigen auf dem Weg dorthin überdurchschnittlich viel Fleiss und Ausdauer. Sie strotzen vor Energie, engagieren sich über die normale Arbeitszeit hinaus und weisen ein hohes Mass an Mut und Risikobereitschaft auf. Mitarbeitende können sich jederzeit Rat bei ihren geschäftigen Kolleginnen und Kollegen holen, falls diese gerade Zeit haben. Geschäftige mögen es, Impulse zu setzen und mitzubestimmen. Innerhalb des Teams übernehmen sie am liebsten einen erheblichen Anteil an Verantwortung oder – noch lieber – gleich eine Führungsposition. Geschäftige Persönlichkeiten suchen nach Arbeit, die sie herausfordert, die ihnen Abwechslung bringt und sie vor anspruchsvolle Problemstellungen führt.

Gelegentlich fühlen sich einzelne Teamkollegen durch die hohe Präsenz geschäftiger Persönlichkeiten abgewertet. Es kann sie leicht das unangenehme Gefühl beschleichen, ähnlich viel leisten zu müssen. Der überdurchschnittlich hohe Einsatz der Geschäftigen sowie deren Bereitschaft zu täglichen Überstunden können Schuldgefühle wecken. Manche geschäftigen Persönlichkeiten können an ihrem Arbeitsplatz in Konfliktsituationen geraten, etwa dann, wenn sie es unbedingt besser wissen müssen, Kritik nicht annehmen können, andern ihre Meinung aufdrängen oder eigene Konzepte, Vorstellungen und Ideen vor die Zusammenarbeit stellen.

Für den einen oder anderen Arbeitskollegen Herausforderung, sind geschäftige Mitarbeitende für ihre Vorgesetzten und den Unternehmenserfolg Gold wert: Sie entwickeln Leidenschaft und Ambitionen und sehen in erster Linie Möglichkeiten und Chancen. Aussagen wie: „Das schaffen wir nie!" kommen in ihrem Sprachgebrauch kaum vor. Geschäftige können andere fördern und inspirieren. In ihrem Vorwärts- bzw. Wachstumsdrang und dank ihres Ideenreichtums entwickeln sie in rascher Folge neue und ungewohnte Ideen. Risikobereitschaft, gepaart mit guter Intuition, öffnet ihnen Türen. Markenzeichen geschäftiger Persönlichkeiten sind:

- hohe Leistungsbereitschaft,
- Unermüdlichkeit,
- Effektivität und Effizienz,
- Anspruch an Fortschritt und Innovation,
- Spontaneität und Schnelligkeit,
- gedankliche Flexibilität,
- Argumentationskraft,
- Beharrlichkeit,

- Durchsetzungsfähigkeit,
- Resilienz,
- Fähigkeit zum Multitasking,
- Offenheit und Neugier,
- Mobilität und Unabhängigkeit,
- hohe Identifikation mit Arbeit und Aufgabe.

Ein eindrückliches Beispiel war Ikea-Gründer Ingvar Kamprad. Mit seinem Konzept, welches vor hundert Jahren keine Erfolgschancen gehabt hätte, traf er heute ein Lebensgefühl. Indem er die Stärken seiner Geschäftigkeit konsequent und glaubwürdig lebte, gelang es ihm, beinahe auf der ganzen Welt dasselbe Möbelsortiment zu verkaufen.

## 3.3 Geschäftige und ihre Beziehungen

Eine Beziehung mit einer geschäftigen Partnerin oder einem geschäftigen Partner ist mit grosser Wahrscheinlichkeit abwechslungsreich und faszinierend. Geschäftige Personen sind meist ausgesprochen grosszügig und charmant. Im Gegenzug besteht das Risiko, dass sich jemand durch einen geschäftigen Partner in den Hintergrund gedrängt oder bestimmt fühlt. Nicht alle geschäftigen Personen sind in der Lage, genügend Mitspracherecht zu gewähren, ihre Tendenz zur Dominanz zu beherrschen und Rücksicht auf gemächlicheres Tempo oder weniger Anspruch auf Action und Abwechslung zu nehmen. Teilweise können Geschäftige schlecht zuhören und zeigen sich bisweilen zerstreut, launisch oder oberflächlich.

## 3.4 „Mehr" und „schneller" prägen den Selbstdialog

Ob Fachkompetenz und Wissen, Fitness und Aussehen oder Erfolg und Einfluss – Geschäftige möchten um jeden Preis die Nummer 1 sein. Sie stecken sich hohe Ziele, suchen den Wettbewerb und trachten danach, *„besser"*, *„schneller"*, *„erfolgreicher"*, *„effektiver"*, *„attraktiver"* und *„stärker"* zu sein. Das Schlüsselwort heisst *„Vorsprung"*. Geschäftige streben nach Überlegenheit und setzen Mittelmass mit *„Misserfolg"* und *„Niederlage"* gleich. Atemlosigkeit wird dabei als Normalzustand akzeptiert. Der Individualpsychologe Alfred Adler ging davon aus, dass jeder Mensch seinem inneren *„roten Faden"* folgt (siehe Kap. 1). Manche nennen diesen roten Faden *„Lebensskript"*, *„Lebensstil"* oder *„Leitlinie"*. Die Leitlinie einer geschäftigen Person könnte etwa lauten: *„Ich muss mehr leisten."* oder: *„Ich muss der/die Erste sein."*

> **Aus der Praxis**
> Mit ihrer Antwort auf die Frage, was denn passiere, wenn sie anstehe und nicht weiterkomme, verblüfft sich Susi Geschäftig selbst. Sie zuckt leicht zusammen, als sie ohne zu überlegen meint: „Dann verdople ich meine Geschwindigkeit!" Sie ergänzt, besondere Herausforderungen benötigten eben einen Sondereinsatz und mit mehr Anstrengung lasse sich viel erreichen. Dieses pointierte Statement im Coaching-Gespräch regt zum Nachdenken an und lädt dazu ein, den persönlichen Arbeitsstil von Susi Geschäftig unter die Lupe zu nehmen und zu reflektieren. Wir begegnen zunächst sukzessive ihrem typischen Wortschatz: „Mehr", „jetzt", „sofort", „schneller", „effizienter" oder „wichtiger" sind Begriffe, welche Susi Geschäftig nicht nur in Sitzungen und Gesprächen, sondern vor allem in ihren bewussten und unbewussten Dialogen mit sich selbst verwendet. Während sie sich dieser Tatsache möglicherweise zum ersten Mal bewusst wird, schwankt sie zwischen Stolz auf ihre ausgeprägte Eigendynamik und einem gewissen Erschrecken, wie beharrlich sie sich selbst immer wieder zu Tempo und Leistung antreibt. Es tue gut, sich vertieft Gedanken über gewohnte Denk- und Verhaltensmuster zu machen, meint sie, und macht dabei die neue Erfahrung, dass bewusste Selbstreflexion ohne Zeitdruck für einmal effektiver sein kann als blosse Aktivität.

## 3.5 Antreiber identifizieren

Geschäftige Personen leben und arbeiten oft in einem atemberaubenden Rhythmus. Abwechslung, Veränderung, Gestaltungsmöglichkeiten und Erfolg wirken anregend und spornen zur weiteren Tempoverschärfung an. Vor allem in der ersten Lebenshälfte machen sich Geschäftige wenig Gedanken über Kräfteverschleiss oder drohende Erschöpfung. Meist gelingt es in dieser Phase auch, kleine Störfaktoren wie Krankheiten, private Herausforderungen oder Stresssituationen erfolgreich zu „managen", um rasch wieder im gewohnten Rhythmus zu funktionieren. Geschäftige Personen sind zudem problemlos in der Lage, ihre Betriebsamkeit zu begründen: „Wenn ich präsent bin, kann ich im Notfall eingreifen und Fehler ver-

## 3.5 Antreiber identifizieren

hindern". Dies klingt sehr verantwortungsbewusst. Auch die Haltung: „Ich möchte stets auf dem Laufenden sein" sichert den Applaus der Vorgesetzten und Teammitglieder. Ein geschäftiger Kunde im Coaching-Gespräch drückte sich so aus: „Ich beantworte lieber auch in den Ferien zehn E-Mails am Tag, als nach meiner Rückkehr hundert Nachrichten im Posteingang vorzufinden ... "

Lohn der unbeschränkten Verfügbarkeit ist nicht nur die effiziente Erledigung der Arbeit, sondern vor allem das befriedigende Gefühl, wichtig und unersetzlich zu sein. Permanent eine Spitzenposition zu halten und zu verteidigen, ist allerdings nicht kostenlos. Dies zeigt sich häufig in der Lebensphase ab vierzig. Geschäftige Menschen neigen dazu, zu viel Verantwortung zu übernehmen, sich zu überfordern und dies während langer Zeit nicht zu spüren. Aus Überbelastung wird allmählich Stress, und in der Folge droht die Kollaps-Spirale: (Haut-)Allergien, Schlafstörungen oder anhaltende Übellaunigkeit mit Verlust der Lebensfreude können erste ernsthafte Anzeichen sein, die in gravierenden Fällen nicht selten von Herz-Kreislauf-Erkrankungen begleitet werden. Umso mehr lohnt sich die Frage nach den Antreibern, welche den geschäftigen Menschen Tempo und Rhythmus vorgeben:

**Einfluss und Spannung als Gewinn** Ein abwechslungs- und spannungsreiches Leben kann viel Spass bereiten. Ausgeprägt geschäftige Menschen geniessen den Adrenalinschub, den Projekte, Ideen und Veränderungen auslösen können, und fühlen sich nur dann wohl, wenn ihr turbulentes Leben Unvorhergesehenes bereithält und sie vor anspruchsvolle Herausforderungen stellt. Nebst Action und Erlebniswert winkt dem Leistungsfähigen und Ehrgeizigen oft reicher Lohn. Auf der materiellen Seite können dies ein attraktives Gehalt, eine Führungsposition und andere Annehmlichkeiten sein. Im oft noch wichtigeren immateriellen Bereich, locken Aufmerksamkeit, Applaus, Ehre, Lob sowie die Bestätigung, wertvoll und unentbehrlich zu sein. Im Hinterkopf geistert stets das Bild vom Siegerpodest herum, wobei Rang 2 und 3 keine Bedeutung haben.

**Bedeutungslosigkeit als Schreckgespenst** Manche geschäftigen Personen werden weniger durch die Aussicht auf Belohnung als durch scheinbar drohende Mittelmässigkeit geleitet und zur Leistungssteigerung angetrieben. Im Vordergrund steht dabei meist die tiefe Angst vor Bedeutungslosigkeit. Viele geschäftige Personen tun alles dafür, Durchschnitt, Unterlegenheit oder Leerlauf zu vermeiden. Droht Stillstand oder fehlt die positive Resonanz, neigen solche Menschen dazu, ihren Aufwand zu erhöhen und das Tempo weiter zu steigern.

Geschäftige Menschen sind ihren Denk- und Verhaltensmustern allerdings nicht wehrlos ausgeliefert:

## 3.6 Ermutigt oder entmutigt?

Die Individualpsychologie spricht von entmutigten und ermutigten Menschen bzw. Handlungsmöglichkeiten. Während Entmutigte ihre weniger hilfreichen Persönlichkeitsanteile leben und keine oder wenig Möglichkeiten sehen, sich mit ihren ermutigten (starken) Seiten im Leben einzubringen, weil etwa die beste Position schon vergeben ist, bewegen sich Ermutigte in ihren Stärken und Möglichkeiten. Die Schnittstelle zu der entmutigten Seite ist jedoch „fliessend" und situativ schnell als Option zur Verfügung. Umgekehrt gilt dies genauso. Tab. 3.1 zeigt, ohne Anspruch auf Vollständigkeit, einige typische Merkmale:

Wer sich als geschäftiger Mensch weiterentwickeln möchte, wird nicht darum herumkommen, über „Entschleunigung" und „Gleichwertigkeit" nachzudenken. Er wird sich mit der Möglichkeit befassen müssen, sein Hamsterrad zu stoppen, den Pulsschlag allmählich zu senken und vielleicht sogar für einen Moment ganz abzuschalten – bevor seine Alltagssituation Körper oder Seele fordern. Reflexion und gegebenenfalls Korrektur der Antriebsfaktoren, bessere Selbstwahrnehmung, gleichwertige Beziehungsfähigkeit, und Entspannung werden ebenso zu Themen wie ein gezieltes Ressourcenmanagement. In sehr vielen Fällen erleben geschäf-

**Tab. 3.1** Die Geschäftigen: Ermutigt oder entmutigt?

| Ermutigt | Entmutigt |
|---|---|
| Aktiv | Schlechter Verlierer |
| Energiegeladen | Konkurrenzdenken |
| Leistungsfähig | Mischt sich schnell ein |
| Ausdauernd | Muss im Mittelpunkt stehen |
| Selbstständig | Überverantwortlich |
| Verantwortungsbewusst | Weckt Schuldgefühle |
| Führungsstark | Will das letzte Wort |
| Fantasievoll | Wirkt arrogant |
| Bereit, neue Wege zu gehen | Zwängt anderen Meinung auf |
| Ehrgeizig | Tiefe Stresstoleranz bei anderen |
| Gewinnermentalität | Entwertet |
| Lernt aus Fehlern | Übt Druck aus |
| Bereit für Herausforderungen | |
| Klares Ziel vor Augen | |
| Sozialkompetent | |

tige Persönlichkeiten diesen Prozess als bereichernd und ermutigend. Sie eignen sich dabei wirksame und nachhaltige Tools zur bewussteren Lebensgestaltung an.

## Literatur

Wehrle K (2010) Die Perfektionierer, 1. Aufl. Campus, Frankfurt

# 4 Die Konsequenten: Sicherheit durch Überblick

**Perfektion und Fachkompetenz**
Alex Konsequent steht vor der beruflichen Herausforderung eines Branchenwechsels. Damit er sich schnell und sicher einarbeiten kann, sucht er Unterstützung durch ein Coaching. Pünktlich betritt der grossgewachsene Mann mein Büro. Er bedankt sich für die rasche Terminfindung und fragt, ob sein Curriculum Vitae angekommen sei und ob diesbezüglich noch Fragen zu klären seien. Auf eine informative und sachliche Art erzählt er von den ersten Arbeitstagen im neuen Job. Ab und zu verliert er sich ein wenig in Details. Vieles sei für ihn neu und ungewohnt, die Prozesse seien manchmal ein wenig unklar. Grundsätzlich sei er aber sehr motiviert, und er sehe in den einen oder anderen Abläufen bereits vielversprechendes Verbesserungspotenzial. Er habe den Eindruck, dass er mit seinem Knowhow am richtigen Platz sei.

Wie es denn um die Beziehungsgestaltung stehe, frage ich ihn. Die Inhaberin könne er noch sehr schlecht einschätzen und die meisten Mitarbeitenden habe er erst einmal gesehen, das sei viel zu früh, um sich ein differenziertes Bild von ihnen zu machen. Ohnehin erlebe er sich oft in einer gewissen Distanz zu den Menschen. Diese müssten bei ihm erst eine Art „innerer Prüfung" bestanden haben, bevor er sich dazu entscheide, sich ihnen zu öffnen.

> Das Zwischenmenschliche sei nicht so seine Sache und bisher in seinem Berufsleben auch nicht so zentral gewesen, führt er weiter aus. Aber seine Fachkompetenz werde überall geschätzt, und darauf sei er stolz. Davon ausgehend, dass seine Ansprüche an sich selbst wohl sehr hoch seien, frage ich ihn, ob er diesen mehrheitlich gerecht werden könne. Seine Antwort wirkt selbstsicher: „Ja. Ziele, welche ich mir setze, erreiche ich meist."

## 4.1 Wenn, dann richtig!

Konsequente Menschen machen keine halben Sachen. Sie planen zielstrebig, eignen sich die notwendige Fachkompetenz an und überzeugen durch Beharrlichkeit. Sie sind Meister der effizienten Organisation, bleiben stets konzentriert und geben sich mit Erreichtem selten zufrieden. Ihr oberstes Prinzip heisst „Perfektion", denn „gut" ist nicht gut genug. Konsequente Menschen stellen ihre Qualitätsansprüche über alles. In ihrem Arbeitsalltag spielen Spass, Beziehungen und Spontaneität oft eine untergeordnete Rolle. Sie sind bereit, für die Sache ihr Bestes zu geben. Der Managementexperte Jim Collins trifft es auf den Punkt:

> Die bedeutendsten Unternehmensführer waren keine charismatischen Persönlichkeiten: Sie wollten das Unternehmen in Szene setzen und nicht sich selbst. (Collins 2005, S. 67)

> **Aus der Praxis**
> Ich frage Alex Konsequent, welche Menschen seinen hohen Ansprüchen standhalten könnten. Er kommt ein erstes Mal ins Grübeln und erinnert sich lediglich an eine Handvoll Personen aus seiner Maturaklasse und an wenige Kollegen aus der Studienzeit. Sie hätten sich gegenseitig gepusht. Als er doktoriert habe, sei es dann noch eine Person gewesen, die genauso zielorientiert unterwegs gewesen sei. In mittlerweile 15 Jahren Berufsalltag habe er nur zwei Menschen wirklich für ihre Leistung bewundert. „Menschen, die meine Ansprüche ungefragt erfüllen, werden tatsächlich immer weniger", fasst er nachdenklich zusammen.

Erinnert Sie Alex Konsequent an eine Person aus Ihrem Umfeld? Vielleicht an jemanden aus Ihrem Privat- oder Berufsleben, auf den Sie sich verlassen können, der durch Fachkompetenz und Wissen beeindruckt und nicht ruht, bevor eine Arbeit aus seiner Sicht optimal erledigt ist?

Auf die Arbeit konsequenter Menschen ist unbedingt Verlass. Sie entsprechen damit in idealer Weise den Erwartungen der modernen Arbeitswelt. Unternehmende erwarten von ihren Mitarbeitenden längst nicht mehr die „normalen 100 %", sondern mindestens 110 %! Der Buchautor Klaus Wehrle schreibt treffend:

> Das Streben nach Perfektionierung ist zum kategorischen Imperativ des 21. Jahrhunderts geworden. (Wehrle 2010, S. 12)

In vielen Arbeitsfeldern und Unternehmen werden Kreativität, Ideenreichtum und Mut zwar durchaus geschätzt. Die höchste Anerkennung gewinnt allerdings, wer mit konsequenter Beharrlichkeit und dem Anspruch an Perfektion das Optimum an Effizienz und Qualität herausholt. Perfektionismus gilt in unseren Breitengraden als bewundernswert und wird entsprechend gelobt und honoriert.

## 4.2 Konsequente im Berufsumfeld

Konsequente Menschen sind beruflich oft sehr erfolgreich. Sie legen Hingabe und Entschlossenheit an den Tag und stecken eigene Bedürfnisse für den Erfolg einer Sache zurück. Sie denken und handeln diszipliniert und kommen kontinuierlich vorwärts. Sie vermitteln Sicherheit, man kann sich auf sie verlassen. Dank ihrer hohen Fachkompetenz, eifrig angeeignet durch Bildung und Erfahrung, nehmen sie nicht selten Expertenrollen ein. Sie strukturieren ihre Arbeitsprozesse, teilen ihre Zeit gut ein und können gut vorausschauen und planen. Konsequente verfolgen klare Ziele und formulieren ihre Erwartungshaltung kompromisslos deutlich. Dies kann Mitmenschen bisweilen unter Druck setzen: „Hier geht nichts heraus, bevor ich es kontrolliert habe." Konsequente Personen sind mit ihrer Arbeit nie ganz zufrieden und gegenüber Mitarbeitenden tendenziell kritisch eingestellt. Es fällt ihnen eher schwer, Applaus zu spenden und Befriedigung auszudrücken. Schliesslich gibt es immer eine höhere Stufe der Vollkommenheit, die man anstreben könnte.

**Aus der Praxis**
Im Gespräch betont Alex Konsequent, dass das zielstrebige Entwickeln der Fachkompetenz und der Berufskarriere bei ihm hohe Priorität geniessen würden. Er arbeite eben gerne. Die Überzeugung, dass jedes Projekt noch Verbesserungspotenzial habe, motiviere ihn täglich. Es gebe ja genügend Mitarbeitende, welche es mit der Qualität nicht so genau nähmen. Ungefragt beginnt er, von seinem Bekanntenkreis zu erzählen. Einige Kollegen würden bereits in jungen Jahren ein schönes Eigenheim besitzen und viel Zeit für Einrichtungen und Gartenarbeiten aufwenden. Das könne er sich nicht vorstellen. Für ihn müsse eine Wohnung in erster Linie funktional und ordentlich sein, ruhig und mit gutem Anschluss ans ÖV-Netz. Schliesslich gebe es wichtigere Dinge im Leben als Genuss und Gemütlichkeit, und mit dem Pflegen eines Eigenheims könne man sehr viel Zeit verlieren.

Ich frage ihn, ob er Menschen kenne, die ähnlich ticken und dieselben Prioritäten setzen würden wie er. Nach kurzem Nachdenken verneint er die Frage. Er habe den Eindruck, viele Kollegen seien im Berufsleben weniger seriös als er. Dies gelte für die Weiterbildung ebenso wie für die Alltagsarbeit. Oft habe er den Eindruck, er wisse besser Bescheid als andere und könne besser argumentieren. In Diskussionen müsse er sich manchmal selber bremsen, etwa dann, wenn er jede Frage selbst beantworten wolle oder in seinen Erklärungen zu ausführlich werde.

Das konsequente Streben nach Perfektion führt übrigens nicht in jeder Lage zu besseren Ergebnissen: Konsequente Menschen können sich in Details verlieren und entgegen ihrer eigentlichen Zielsetzung Zeit und Energie verpuffen. So kann es vorkommen, dass beispielsweise eine minutiöse Zeitplanung zu Beginn des Prozesses vorbildlich eingehalten, spätestens dann aber über den Haufen geworfen wird, wenn die Arbeit eigentlich abgeschlossen wäre, der Konsequente aber noch immer nicht zufrieden ist.

Dennoch gilt: Führungspersonen schätzen konsequente Mitarbeitende. Sie können sich darauf verlassen, dass sich diese stets voll und ganz für den Erfolg der Sache einsetzen und auf dem Weg zum perfekten Ergebnis eigene Bedürfnisse zurückstellen. Zahlreiche Stellenausschreibungen, wie sie heute in Kadermärkten und Job-Plattformen zu finden sind, machen durch ihre Formulierungen unmissverständlich klar, dass die Persönlichkeitsprägung der „Konsequenten" stark gefragt ist. Gesucht werden die typischen Markenzeichen konsequenter Persönlichkeiten:

- Zielstrebigkeit,
- Verlässlichkeit,
- Gewissenhaftigkeit,
- Ordnung und Disziplin,
- hohe Konzentration,
- Verantwortungsbewusstsein,
- Fachkompetenz,
- Organisationstalent,
- gutes Zeitmanagement,
- Entschlossenheit,
- Beharrlichkeit,
- hoher Qualitätsanspruch,
- Sparsamkeit,
- Selbstlosigkeit,
- Loyalität und Integrität.

Die inneren Selbstgespräche konsequenter Persönlichkeiten sind von grossen Erwartungen an sich selbst geprägt. Ihre Arbeit soll „*fehlerfrei*" und „*perfekt*" sein, sie selbst müssen „*Verantwortung übernehmen*" und „*für Gerechtigkeit sorgen*". Sowohl beruflich als auch privat wollen sie „*höchste Ansprüche*" erfüllen und „*sparsam*" mit Geld umgehen. Wenn sie „*vorausschauen*" und „*planen*" können, haben sie das Gefühl, in „*Sicherheit*" zu sein und ihr Leben zu beherrschen. Die Leitlinie einer konsequenten Person könnte heissen: „*Wenn ich etwas tue, dann richtig*", „*Ich muss den Überblick haben*" oder: „*Ich darf mir keine Unvollkommenheit erlauben*".

## 4.3 Kontrolle als Mittel zum Zweck

Konsequente Menschen streben in allen Lebenslagen nach Perfektion. Um diesem hohen Anspruch genügen zu können, haben sich viele von ihnen hilfreiche Techniken und Arbeitsweisen angeeignet. Dazu gehören etwa Ordnung und Disziplin, zudem neigen konsequente Menschen dazu, alles zu kontrollieren. Das Gefühl, sich selbst, die Arbeitsprozesse sowie gegebenenfalls die Mitarbeitenden unter Kontrolle zu haben, vermittelt ihnen Sicherheit. Eine typische Aussage lautet demnach auch: „Ich habe alles im Griff."

Um eine möglichst lückenlose Kontrolle ausüben zu können, empfiehlt es sich, peinlich genau Ordnung zu halten. Konsequente Menschen profitieren dabei von der Tatsache, dass diese Fähigkeit bereits in der Volksschule gefördert wird. Dort wird in den Schulzeugnissen der Primarschülerinnen und Primarschüler nicht nur Kreativität, Fleiss und Leistungsfähigkeit bewertet werden, sondern auch die Kompetenz „Ordnung". Konsequente Menschen haben gelernt, Übersicht zu halten, Abweichungen vom vorgängig festgelegten Ablaufplan zu vermeiden sowie methodisch vorzugehen. Das konsequente Streben nach Planung und Ordnung lässt sich dabei nicht nur in der Karriereplanung und im Berufsalltag festmachen, sondern bestimmt auch das Privatleben – oft bis ins Detail. So sind selbstverständlich auch die Lebensmittel im Kühlschrank sauber geordnet und sortiert sowie die Ferienreise inklusive Tankstopp und Picknick unterwegs sorgfältig strukturiert.

## 4.4 Konsequente und ihre Beziehungen

Konsequente Persönlichkeiten drücken ihre Liebe zum Partner durch Tun aus, weniger durch Worte. Sie sind meist treue Menschen, welche sich fürsorglich um Partner und Familie kümmern. In ihrer vorausschauenden und behütenden Art vermitteln sie ein hohes Mass an Geborgenheit und Sicherheit. Bisweilen neigen konsequente Menschen dazu, ihren Partner zu bevormunden. Bedrohen äussere Faktoren ihr Sicherheitsgefühl und kommt Angst auf, wird aus dem Bevormunden rasch ein Einengen. Dies kann die Beziehung, je nachdem, wie der Partner funktioniert, ernsthaft gefährden. Konsequenten Menschen sind Pläne, Ordnung und Kontrolle manchmal wichtiger als Beziehungen. Ihre Liebe wirkt dadurch eher distanziert. Sie mögen keine Überraschungen und sind für spontane Ausflüge wenig zu begeistern.

> **Aus der Praxis**
> Alex Konsequent hat durch Lernbereitschaft und Selbstdisziplin einiges erreicht und ist vielen Mitarbeitenden in fachlichen Belangen überlegen. Dennoch beschäftigt ihn die Unsicherheit, Menschen gegenüber schutzlos zu sein. Fachliches liesse sich so schön in Formen und Fakten packen, schwärmt er, während die Menschen schwer zu fassen und zu verstehen seien. Er wird während seiner Ausführungen immer leiser. „Wegen dieser Unsicherheit und Hilflosigkeit habe ich mich bei Ihnen gemeldet", erklärt er. Er wolle sich endlich selbst besser verstehen.

## 4.4 Konsequente und ihre Beziehungen

Die Aussagen von Alex Konsequent deuten an, worin die Herausforderung konsequenter Persönlichkeiten liegt: im Umgang mit Unsicherheit.

Konsequente Persönlichkeiten haben Angst vor Unvollkommenheit, Unordnung und dem Verlust von Sicherheit. Sie scheuen unerwartete Situationen und Überraschungen und streben nach möglichst lückenloser Kontrolle.

Die Unabwägbarkeiten des Lebens oder andere Lebens- und Arbeitskonzepte stellen konsequente Menschen immer wieder vor Probleme. Nicht alles lässt sich voraussehen und kontrollieren, manches geschieht unvorbereitet und ungewollt. Gerät ihr Leben unerwartet durcheinander oder sind die Dinge nicht wie von ihnen erwartet, stellen sich dem konsequenten Menschen zwei Handlungsmöglichkeiten zur Option:

1. Intuitiver Abstand: In sich gekehrt, suchen sie nach einem Rest an Sicherheit und nach geeigneten Lösungswegen. Angebotene Hilfe kann dabei nicht angenommen werden, da sie die mit viel Aufwand erarbeitete Autonomie gefährden würde. Sie teilen sich noch weniger mit als zuvor.
2. Aktives Angehen der ungewohnten Situation: Energisch wird die Sachlage überprüft und zerpflückt. Dabei können durchaus zur eigenen Handlungslegitimation und Wiederherstellung der persönlichen Sicherheit, die Meinung anderer beigezogen werden. Wobei intuitiv auf Menschen zurückgegriffen wird, die die konsequente Sichtweise stützen. In dieser Weise „abgesichert" wird der als optimal erachtete, eigene Anspruch aktiv verfolgt bzw. zur Umsetzung angestrebt.

Die Chance konsequenter Persönlichkeiten liegt in der Erfahrung, dass nicht alles von ihrer Planung, Disziplin und Kontrolle abhängt. Dies trifft auch auf ihr Berufsleben zu. Das Streben nach Perfektion kann sehr ineffizient sein:

Das „Pareto-Prinzip"[1] (oder „80-/20-Prinzip") erklärt, dass sich mit 20 % Anstrengung im Normalfall 80 % des gewünschten Ergebnisses erreichen lassen. Für die restlichen 20 % braucht es nochmals 80 % Einsatz. Es liegt auf der Hand, dass der grösste Aufwand für die letzten Kleinigkeiten betrieben wird, um statt eines sehr guten ein perfektes Resultat zu erzielen. Dabei werden häufig Zeit- und Energieressourcen verschenkt.

---

[1] Nach dem italienischen Wirtschaftswissenschaftler und Soziologen Vilfredo Pareto (1848–1923).

**Tab. 4.1** Die Konsequenten: Ermutigt oder entmutigt?

| Ermutigt | Entmutigt |
|---|---|
| Zuverlässig | Engen durch Kontrolle ein |
| Verantwortungsbewusst | Verlieren sich im Detail |
| Handeln überlegt | Geringe Spontaneität |
| Produktiv | Wenig experimentierfreudig |
| Konsequent | Entscheidungsangst |
| Entschlossen | Sozialer Abstand |
| Geradlinig | Verdrängen Gefühle |
| Vermitteln Sicherheit | Bestehen auf klarer Rollenverteilung |
| Führungsstark | Wenig Vertrauen in andere |
| Gefühl für Zeit und Ordnung | Ungeduldig, wenn Ziele nicht erreicht werden |
| Organisationsgeschick | Enges Sichtfenster |
| Kommunizieren klar | Sturheit |
| Hohe Fachkompetenz | |
| Unabhängig | |
| Halten sich im Hintergrund | |

## 4.5 Ermutigt oder entmutigt?

Lernen konsequente Persönlichkeiten, dass sie nicht alles im Griff haben müssen und alles auch ganz anders sein darf, kann sich ihr Kontrollbedürfnis zu einer ruhigen Gelassenheit entwickeln (Tab. 4.1).

Ziel ist, nicht entmutigt an den Grenzen der eigenen Persönlichkeitsmerkmale stehenzubleiben, sondern diese zu erkennen, zu bejahen und bewusst zu erweitern.

## Literatur

Collins J (2005) Immer erfolgreich, 1. Aufl. Deutscher Taschenbuch, München
Wehrle K (2010) Die Perfektionierer, 1. Aufl. Campus, Frankfurt

# Die Freundlichen: Diplomatisches Geschick und Teamgeist 5

**Geschätzt als gute Zuhörer und Vorgesetzte**
Gabriela Freundlich nimmt in einem mittleren Unternehmen eine Führungsposition wahr und leitet eine Abteilung mit rund zwanzig Mitarbeitenden. Über Jahre hinweg war ihre Gruppe für einen guten Zusammenhalt und wenig Konflikte bekannt. In den vergangenen Monaten wurde in ihrer Firma einiges umstrukturiert und der neue CEO hat bezüglich interner Kommunikation aus ihrer Sicht einen markanten Kurswechsel vorgenommen. Der sachliche, bisweilen sogar raue Umgangston bereitet Gabriela Freundlich zunehmend Schwierigkeiten. Sie hat sich deshalb entschlossen, ein Coaching zu beanspruchen.

Ich möchte von Gabriela Freundlich wissen, wie sie ihren Führungsstil beschreibt. Sie erzählt, sie lege grossen Wert auf ein gutes Arbeitsklima und einen regelmässigen Austausch. Sie wolle wissen, ob es ihren Mitarbeitenden gut gehe und ob sie zufrieden seien. Spontan nennt sie Kontaktfreude, Kollegialität und Hilfsbereitschaft als ausgeprägte Stärken. Sie sei häufig für andere da, ergänzt sie, habe stets ein offenes Ohr für Anliegen aller Art und dank ihrer guten Menschenkenntnis sei sie eine gefragte und geschätzte Gesprächspartnerin. Mit sichtlichem Stolz berichtet sie von den gemeinsamen Lunchs, bei denen man Zeit habe, Beziehungen zu pflegen und als Team

> zusammenzuwachsen. „Dort spüre ich auch die Bedürfnisse meiner Mitarbeitenden und kann sie mit Rat und Tat unterstützen. Manchmal reicht ja eine kleine Ermutigung, damit sich jemand wieder motiviert seiner Arbeit widmen kann."
>
> Als wir auf ihr aktuelles Anliegen und den Anlass für das Coaching zu sprechen kommen, ist das Leuchten aus den Augen verschwunden, und sie formuliert ihre Sätze vorsichtiger, leiser und emotional sichtlich berührt. Es sei die Atmosphäre, die ihr zu schaffen mache, formuliert sie, und präzisiert: „In den Sitzungen hört man sich weniger zu und fällt sich häufiger ins Wort. Alles muss schnell und effizient gehen, und man lässt sich gegenseitig kaum ausreden." Auf meine Frage hin, ob ihre Kollegen das auch so wahrnähmen oder ob vor allem sie persönlich darunter leide, wird sie nachdenklich. Sie sei eben noch nie gern laut geworden und mache lieber innere Kompromisse, als auf Konfrontationskurs zu gehen. Mittlerweile gehe es schon so weit, dass sie schweige, wenn sie im Voraus wisse, dass sie mit ihrer Argumentation auf Widerstand stosse.

Gabriela Freundlich zeichnet sich durch Einfühlsamkeit und eine ausgeprägte Freude an mitmenschlichen Beziehungen aus. Als bestens ausgebildete Frau hat sie beruflich hohe Ambitionen und steckt sich klare Ziele. Sie verfügt zudem über ausgewiesenes Fachwissen und hat mit ihrem beachtlichen Fleiss eine Führungsposition erreicht. Trotz ihrer fachlichen Kompetenz stehen bei Gabriela Freundlich allerdings nicht Produkte, Wissen und Erfolge im Zentrum, sondern Menschen und Beziehungen.

Einer der höchsten Werte im Leben von Gabriela Freundlich ist das Wohlergehen der Menschen in ihrem Umfeld.

Freundliche Menschen nehmen wir als liebenswürdig und rücksichtsvoll wahr. Sie bauen Brücken, verbinden Menschen und vermitteln in schwierigen Verhandlungen. Oft verfügen sie über herausragende diplomatische Fähigkeiten. Gleichzeitig sind sie anpassungsfähig und stellen eigene Interessen in den Hintergrund. Sie stehen gerne und bisweilen ungefragt mit Rat und Tat zur Seite und sind dabei ausgezeichnete Zuhörer und Gesprächspartner. Freundlichen Menschen fällt es leicht Kontakte zu knüpfen, oft schon im kindlichen Alter. Durch ihre Beziehungsorientierung und ihre zahlreichen Kontakte, welche sie über viele Jahre aufgebaut haben, verfügen sie über ausgeprägte Menschenkenntnis und Sozialkompetenzen. So können sie sich fast mühelos auf andere einlassen und begegnen ihrem Gegenüber mit Wohlwollen, Interesse und Wertschätzung.

> **Aus der Praxis**
> Im Gespräch mit Gabriela Freundlich wird deutlich, dass die Herausforderung, die sie zu bewältigen hat, in der zwischenmenschlichen Atmosphäre liegt. Als freundliche Persönlichkeit sucht sie Harmonie und Ausgleich. Sie ist gewohnt, Zeit für die Konsensfindung zu investieren und im Gespräch nach befriedigenden Lösungen zu suchen. Diese Grundhaltung wird im aktuellen Umfeld durch den forschen, mehr auf Effizienz als auf Rücksichtnahme fokussierten Stil frustriert. Die herausragende Fähigkeit von Gabriela Freundlich, eine vertrauensvolle Stimmung zu schaffen, erhält wenig Raum und Wertschätzung. Dadurch fühlt sie sich abgelehnt und nutzlos.

## 5.1 Freundliche im Berufsumfeld

Freundliche Persönlichkeiten tragen zu einem offenen Betriebsklima bei. Herrschen dennoch Spannungen zwischen Mitarbeitenden oder Abteilungen, bieten sie gerne Hilfe an. Mit ihren guten Moderationsfähigkeiten verstehen sie es, zwischen den Parteien lösungsorientiert zu vermitteln, und legen dabei ein hohes Mass an Einfühlvermögen und Sozialkompetenz an den Tag. Typische Markenzeichen sind der offene Blick und die freundliche Stimme. Fällt jemand aus oder ist besonders viel Arbeit zu erledigen, stellen sie sich gerne freiwillig zur Verfügung. Nicht nur Mitarbeitende können auf die zuvorkommende Art freundlicher Menschen zählen, auch Kunden wissen, dass sie immer mit einwandfreiem Service rechnen können und selbst bei besonderen Anliegen stets auf offene Ohren stossen. Durch ihre intensive Beziehungspflege machen sich Freundliche für andere Menschen bewusst oder unbewusst unentbehrlich. Dies vermittelt ihnen Erfüllung. Manchmal stellen sie dabei die eigene Arbeit zurück und geraten in Terminschwierigkeiten. Fachliche Kritik an ihrer Arbeit nehmen sie oft persönlich, denn sie löst ein Gefühl der Ablehnung aus.

Wo von Kundenseite Top-Service oder unkomplizierte Problemlösung verlangt werden, können sie ihre Stärken voll und ganz ausspielen. Sie besitzen ein ausgesprochenes Verkaufstalent und ein Flair für die Bedürfnisse des Kunden. Nicht selten sind sie in sozialen Berufen anzutreffen und leisten ehrenamtliche Arbeit. Markenzeichen freundlicher Persönlichkeiten sind:

- Hilfsbereitschaft,
- Improvisationsgabe,
- Ideenvielfalt,
- Beziehungsfähigkeit,

- Empathie und Interesse am Mitmenschen,
- Sensibilität,
- Harmoniebedürfnis,
- diplomatische Fähigkeiten,
- Organisations- und Koordinationsgeschick,
- Moderationstalent,
- Teamgeist,
- stärken Kooperation und Zusammenhalt,
- vermitteln das Gefühl, ernst genommen zu werden,
- erfüllen Erwartungen ungefragt.

Gibt es in Ihrer privaten oder beruflichen Umgebung auch eine Gabriela Freundlich? Eine Person, die stets ein offenes Ohr für Sie hat und sich gerne zurücknimmt, um Sie zu unterstützen? Die durch einen offenen Blick oder eine freundliche Stimme auffällt und sich in harmonischer Atmosphäre besonders wohl fühlt?

## 5.2 Freundliche und ihre Beziehungen

Freundliche Persönlichkeiten sind aufmerksame, einfühlsame und fürsorgliche Partner, die eine Atmosphäre des Vertrauens schaffen können. Sie nehmen auf die Bedürfnisse des Partners Rücksicht, sind taktvoll, legen ein hohes Mass an Nachsichtigkeit und Geduld an den Tag. Sie geben viel Wärme und Verständnis. Sie sind nicht nachtragend und suchen nach Zustimmung und Bestätigung. Kritik tut freundlichen Menschen weh, auch in der Liebe. Sich abgrenzen und eigene Bedürfnisse erkennen und diese kommunizieren, das fällt ihnen schwer. Negative Emotionen sind für den Partner/die Partnerin kaum erkennbar.

## 5.3 „Ich möchte gemocht werden."

Einer der erfolgreichsten Trainer im Weltfussball, der Portugiese José Mourinho, wurde nach einer Niederlage seines damaligen Clubs Real Madrid gefragt, ob er bleiben oder zurück nach England wechseln werde. Seine Antwort klang für viele etwas überraschend:

Ich will da sein, wo die Leute mich lieben. (Völkl 2013)

In England werde er von den Fans geliebt und von den Medien fair behandelt. Über einen Weltstar, den er vor Jahren trainiert hatte, sagte er in einem weiteren Interview: „Wir haben die Art emotionaler Bindung geschlossen, die über den Fussball hinausgeht."

Freundliche Menschen streben nach Harmonie und wohlwollendem Miteinander. In einer solchen Atmosphäre kommen ihre Talente und die Persönlichkeit voll zum Erblühen. Im Weiteren ist das Gefühl, gebraucht und geschätzt zu werden, elementar. Jemandem zur Last fallen oder gar zu stören, mögen sie gar nicht. Sie fürchten sich davor, unerwünscht zu sein und vermeiden Ablehnung, was hin und wieder zur Selbstaufopferung führen kann.

Freundliche möchten von ihrem Umfeld geschätzt und gemocht werden. Sie umgehen nach Möglichkeit jede Art von Konflikten, die sie selbst betreffen. Entstehen Spannungen zwischen anderen Menschen oder Parteien, stellen sie als gute Vermittler und Problemlöser gerne ihre Hilfe zur Verfügung. Durch ihre feinen Sensoren braucht ein Mitarbeitender nur mit der Schulter zu zucken oder sich ein wenig hilflos anzustellen, um von einer freundlichen Person Hilfe zu erhalten. Diese stellt meist unverzüglich ihre eigenen Interessen und Wünsche hinten an und macht sich umgehend an die Arbeit. Es ist ein gutes Gefühl, das sich einstellt, wenn eine Aktion beendet ist und Dankbarkeit und Wertschätzung als „Lohn" bezogen werden kann. Dass der Andere die freundliche Person jetzt gerade besonders mag, ist der Zusatzbonus, der sich besonders gut anfühlt. Freundliche sind gerne zur Stelle, wenn Hilfe gebraucht wird. Ausgenutzt fühlen sie sich jedoch, wenn keine wertschätzende Reaktion kommt. Wenn die zusätzliche und oft an sich selbst „abgesparte" Zeit der Unterstützung als selbstverständlich oder gar als normale Erwartung hingestellt wird. Rückzug in schweigendes „in sich gekehrt sein" ist dann die häufige Reaktion. Dort bleibt die freundliche Person, bis sie ihre innere Balance wieder hergestellt hat. Bis sich die Selbstregulation der Nachsicht und die Fähigkeit „nicht nachtragend zu sein" im Innern wieder durchsetzen.

## 5.4 „Ich darf nicht nein sagen!"

Freundliche Persönlichkeiten haben den Anspruch, andere sich selbst gegenüber wohlwollend und zugetan zu wissen und deren Erwartungen jederzeit zu erfüllen. Ihre inneren Überzeugungen drücken sich häufig in unmissverständlichen Leitsätzen aus, wie z. B.:

- „Ich muss allen gefallen."
- „Ich darf nicht nein sagen."

- „Ich muss anderen helfen."
- „Ich muss die Erwartungen anderer ungefragt erfüllen. (Andere müssen meine Erwartungen ebenfalls erfüllen.)"
- „Ich muss es allen recht machen."
- „Ich darf nicht kritisiert werden und kritisiere andere nicht."
- „Die anderen sollen mich mögen."
- „Zeigen sich andere unzufrieden, liegt es bestimmt an mir."

Da freundliche Menschen grosszügig, friedliebend und flexibel sind, haben ihre Mitmenschen keine Bedenken, sie jederzeit um einen Gefallen zu bitten. Die wohlwollende Antwort lautet in beinahe allen Fällen: „Ja, klar" Die Selbstverständlichkeit, mit der sich freundliche Menschen Zeit nehmen, Zuwendung gewähren und Hilfestellung anbieten, birgt auch Gefahren:

**Aus der Praxis**
Manchmal merke sie schon, dass sie ihre eigenen Bedürfnisse etwas schnell hintenanstelle, zieht meine Kundin während des Coaching-Gesprächs Bilanz und nicht immer sei sie darüber glücklich. Das letzte typische Beispiel sei erst einige Stunden her: Ihr Kollege sei nach dem Mittagessen aus der Kantine gerannt, und sie habe ganz selbstverständlich sein Geschirr abgeräumt. Auf dem Rückweg ins Büro sei sie von einer Kollegin abgefangen worden, welcher sie selbstverständlich Rede und Antwort gestanden sei. Zur anberaumten Sitzung sei sie nur deshalb rechtzeitig erschienen, weil sie auf den obligaten Blick in den Spiegel verzichtet habe. Gabriela Freundlich hat es zwar – getreu ihrem Motto – „allen recht gemacht", und doch sitzt sie danach etwas nachdenklich in der Sitzung.

Mit ihren Erwartungen und ihrem Verhalten laufen freundliche Menschen Gefahr, sich ein Korsett der Fremdbestimmung zu schnüren. Den Preis für ihren Wunsch nach Anerkennung zahlen sie etappenweise: Dass Freundliche selten oder nie in den Genuss produktiver Auswirkungen von Konflikten kommen, da sie diesen stets sorgfältig ausweichen, ist dabei die harmloseste Konsequenz. Jede aufopfernde Aktion zu Gunsten der Mitmenschen kann ein Tropfen in das sprichwörtliche Fass sein. Den steigenden Pegel nehmen Freundliche zunächst in Kauf, doch jedes Fass läuft einmal über. Wenn es soweit ist, was meist nach einer (jahre-)langen Phase des gefühlten Ungleichgewichts von Geben und Bekommen (siehe unter Abschn. 5.3) passiert, kann es zu dramatischen Reaktionen kommen: totaler Rückzug aus Beziehungen oder Aufgaben. Erschöpfte und zutiefst entmutigte freundliche Menschen zeigen überraschend radikal ihren Anspruch auf Selbstbestimmung, die sie nun in ‚selbstbefreienden' Aktionen durchsetzen. Aufgestaute Wut und Enttäuschung bahnen sich den Weg und geben die nötige Handlungskraft zur Auflehnung. Das Umfeld zeigt sich meist überrascht und kann diesen Ausbruch aus dem vertrauten sozialen Gefüge schwer verstehen, geschweige einordnen: Gefühle wie „vor den Kopf gestossen", Hilf- und Ratlosigkeit sind meist als Reaktion zu beobachten.

> **Aus der Praxis**
> Gabriela Freundlich wird sich im Verlauf des Gesprächs bewusst, dass sie sich vor den Erwartungen und Wünschen ihrer Mitmenschen besser schützen sollte. „Freundlich, aber deutlich" wolle sie in Zukunft sein, oder: „freundlich und entschlossen". Ich frage sie nach konkreten Situationen: Gegenüber welchen Personen und in welchen Situationen möchte sie entschlossener auftreten? Beim Antworten wirkt sie etwas zögerlich. Offensichtlich ist ihr nicht ganz wohl dabei: „Ich möchte auf keinen Fall egoistisch sein" gibt sie zu, und ausserdem werde sie ja nicht gerne laut und fordernd. Trotzdem scheint die Selbstreflexion im Verlauf des Coachings in Fahrt gekommen zu sein: „Ich bin zu Ihnen gekommen, weil ich die Sitzungen der Geschäftsleitung meistern will. Nun weiss ich, dass ich schrittweise lernen will, nein zu sagen und besser zu mir selbst zu schauen." Sie sei sich bewusst, dass sie Konflikte lieber mit sich selbst statt mit anderen ausgetragen und die Fehler stets bei sich selbst gesucht habe. Nun wolle sie differenzierter mit Kritik umgehen und sich auch einmal selbst auf die Schultern klopfen: „Ich werde ab jetzt stärker für meine Bedürfnisse einstehen."

Gabriela Freundlich versteht ihre Grundrichtung als hilfreich und positiv, trotzdem will sie in ihrer Entwicklung die Fallen für den Freundlichen erkennen und minimieren.

## 5.5 Ermutigt oder entmutigt?

Freundliche Personen dürfen nein sagen, ohne gleich fehlende Anerkennung oder gar Liebesverlust zu riskieren. Sie dürfen mit einem guten Gewissen für ihre Wünsche und Bedürfnisse einstehen. Die Mitmenschen werden dies akzeptieren (lernen), weil sie selbst auch so handeln und dies grundsätzlich auch ihren freundlichen Mitmenschen zugestehen. Das sprichwörtliche Fass, das sich im Fall der Freundlichen mit Tropfen der Selbstlosigkeit und Aufopferung füllt, verträgt einiges und darf auch bis zu einem gewissen Mass gefüllt werden. Doch mit einer gesunden Portion Egoismus kann das folgenschwere Überlaufen verhindert werden (Tab. 5.1)

**Tab. 5.1** Die Freundlichen: Ermutigt oder entmutigt?

| Ermutigt | Entmutigt |
|---|---|
| Diplomatisch | Erwartet erhöhte Zustimmung und Anerkennung |
| Friedensstiftend | Geringe Selbstbehauptung |
| Tolerant | Durchsetzungsschwach bei eigenen Interessen |
| Rücksichtsvoll | Weichen Konflikten aus |
| Freundlich und hilfsbereit | Fürchten Disharmonie |
| Gute Menschenkenntnis | Lassen sich überreden |
| Hohe Sozialkompetenz | Mühe, konsequent zu sein |
| Einfühlend | Abhängig von anderen |
| Anpassungsfähig | Wenig risikofreudig |
| Gute Gesprächspartner | Übernehmen negative Stimmungen |
| Kontaktfreudig | Schweigend |
| Grosszügig | Bedrückt |
| Unterhaltsam | Neigt zu unbewusster Schonung durch Erkrankung |
| Lachen gerne | |

## Literatur

Völkl O (2013) Pleite von Real Madrid. Wenig Liebe, viel Kritik: Mourinho kurz vor Abschied. http://www.focus.de/sport/fussball/real-madrid-wenig-liebe-viel-kritikmourinho-denkt-an-abschied_aid_977099.html. Zugegriffen am 15.06.2020

# Die Gemütlichen: Das Geheimnis der Lebensfreude     6

**Meister der Ruhe**
Stefan Gemütlich hat sich telefonisch für ein Coaching angemeldet, wobei mir seine angenehme, ruhige Stimme aufgefallen ist.

Beim ersten Termin kommt er einige Minuten zu spät. Er bemerkt zunächst die stilvolle Einrichtung. Vor allem die Lampe im Barbereich gefalle ihm. Und die Lage meines Büros sei ideal, schmunzelt er, verkehrsgünstig und mit genügend Parkplatzmöglichkeiten. Nachdem er seinen Espresso ausgetrunken hat, den er übrigens ausgezeichnet findet, beginnt er zu erzählen:

Er führe seit zehn Jahren seine eigene Firma und habe damit sein Hobby zum Beruf gemacht. Dabei fühle er sich in seinem Element und könne seine Stärken täglich investieren. Mit seinem sensiblen Gespür sei er intuitiv oft am richtigen Ort und könne sich Kontakte und Märkte erschliessen. Er unterhalte ausgezeichnete Beziehungen, die ihn immer wieder erfolgreich ins Gespräch brächten. Mit seinen Mitarbeitenden sei er sehr zufrieden, sie würden ein grosses Engagement an den Tag legen. Mittlerweile habe sich seine Firma als Marktleader positioniert und er sehe der Zukunft sehr optimistisch entgegen.

## 6.1 Menschen, die sich Zeit nehmen

Vielleicht haben Sie beim Lesen des ersten Abschnitts spontan genickt oder geschmunzelt, weil Sie eine Person aus Ihrem Bekanntenkreis vor sich gesehen haben, die Ähnlichkeiten mit Stefan Gemütlich aufweist: beispielsweise Ihren Grossvater, der abends mit seiner Pfeife auf dem „Fyrabig-Bänkli" sass und eine tiefe Behaglichkeit ausstrahlte, oder eine verständnisvolle Lehrerin oder Vorgesetzte, welche in ihrer ruhigen, ermutigenden Art nicht nur Aufgaben, sondern auch Kompetenzen delegieren konnte. Möglicherweise denken Sie auch an jemanden, der sich spontan über Ästhetik und Design freuen kann, einen guten Kaffee oder ein köstliches Dreigangmenü geniesst oder einfach die Annehmlichkeiten des Lebens schätzt. Kennen Sie solche Persönlichkeitsanteile auch an sich selbst?

Gemütliche Persönlichkeiten gestalten ihr Leben oft anders als ihre geschäftigen und konsequenten Zeitgenossen. Sie „nehmen sich Zeit": für Beziehungen und Gespräche, für die sinnlichen Genüsse des Lebens, für Schönheit und Musse oder für ihre Hobbys. Da sie grosszügig mit Zeit umgehen, wirken sie weniger hektisch und meist konzentrierter als andere. Sie können sich ihren Mitmenschen ausgiebig zuwenden und ihnen ungeteilte Aufmerksamkeit schenken. Bisweilen neigen sie zur Unpünktlichkeit. Durch ihre innere Ruhe und die bewusste Lebensgestaltung gelingt es ihnen allerdings häufig, ihre Zeit bewusst, effektiv und gewinnbringend einzusetzen. Ihre Energie schöpfen viele Gemütliche aus ihrem ausgeglichenen Lebensstil. Der Umgang mit Zeit unterscheidet gemütliche Menschen wesentlich von anderen. Insbesondere im aktuellen gesellschaftlichen und wirtschaftlichen Umfeld, wo Stress und Hektik beinahe zum guten Ton gehören, fallen sie durch bemerkenswerte Gelassenheit auf. Sie reduzieren ihr Lebenstempo nicht wie andere ausschliesslich in den knapp bemessenen Urlaubstagen, sondern pflegen Ruhe, Genuss und Gemütlichkeit auch im Alltag. Viele gemütliche Menschen strahlen eine auffallende Lebensfreude aus.

## 6.2 Markenzeichen Lebensfreude

Menschen wie Stefan Gemütlich wirken häufig vital, lustvoll und motiviert. Wenn es ihnen gelingt, ihren Stil im Alltag und insbesondere im Berufsleben auf konstruktive Weise durchzusetzen, erfreuen sie sich einer stabilen physischen und psychischen Gesundheit. Sie haben einen Sinn für die Schönheiten und Zwischentöne des Lebens: für ein gepflegtes Interieur, einen romantischen Garten, ein gutes Glas Wein in angenehmer Gesellschaft oder für einen verträumten Nachmittag am See.

Gemütliche Mitmenschen werden von ihrer Umgebung meist geschätzt und nicht selten um ihre Zufriedenheit und ihre Gelassenheit beneidet. Apple-Gründer Steve Jobs wusste um den Wert solcher Eigenschaften:

> Sich treiben lassen – das ist eine aussterbende Kunst. Schon den Kindern fehlt die Zeit dafür. (Jobs 2005)

**Aus der Praxis**
Selbstverständlich sind wir im Coaching-Gespräch nicht beim Espresso und den beruflichen Erfolgsmeldungen stehengeblieben. Ich frage Stefan Gemütlich, warum er sich für ein Coaching angemeldet habe. Er spricht darauf zum ersten Mal von Schwierigkeiten am Arbeitsplatz. Diese würden vor allem im Verwaltungsrat herrschen. Da er sich durch ein früheres Coaching mit dem Modell der Grundrichtungen der Persönlichkeit bereits ein wenig auskennt, kommt er schnell auf den Punkt:
„Ich habe Mühe mit den Konsequenten! Es geht ihnen stets um die strikte Einhaltung von Regeln und Vorschriften. Als ob dies in einem fortschrittlichen Unternehmen das Wichtigste wäre!"
Gegen die ehrgeizigen Ziele der Geschäftigen habe er an sich nichts einzuwenden, im Gegenteil, es leuchte ihm ein, dass für den Erfolg ein gewisser Ehrgeiz notwendig sei. Was er aber nicht akzeptieren könne, sei das hohe Tempo, das man ihm aufzwingen wolle. Er fühle sich dadurch in seiner Autonomie eingeschränkt. Er wolle den Rhythmus seiner Arbeit selbst bestimmen und sich nicht in ein Verhaltensmuster pressen lassen. An besonders herausfordernden Tagen könne er auf Druck und Erwartungen mit Trotz reagieren: Er zeige dann jeweils deutlich, wer der Chef sei, und lasse sich demonstrativ viel Zeit bei seinen Arbeiten. So gönne er sich etwa eine extra lange Mittagspause und betone seine Bequemlichkeit. Das Resultat liege auf der Hand: Die Situationen würden noch hektischer, der Stress steige an.

## 6.3 Gemütliche im Berufsumfeld

Gemütliche haben nebst ihrer ausgeprägten Lebensfreude und ihrem bewussten Lebensrhythmus eine weitere markante Eigenschaft: Fast alle von ihnen legen grossen Wert auf uneingeschränkte Selbstbestimmung. Sie wollen ihre Zeit frei einteilen und ihren individuellen Lebens- und Arbeitsstil pflegen. Entsprechend reagieren gemütliche Persönlichkeiten oft ungehalten auf jede Art von Druck, der von aussen erzeugt wird. Erwartungen, Forderungen oder äusserem Antrieb begegnen einige mit offenem Widerstand. Weniger mutige Persönlichkeiten reagieren eher mit psychosomatischen Symptomen, welche kurzfristige Entlastung bringen können.

Auf den ersten Blick scheinen gemütliche Berufspersonen für die Anforderungen des modernen Arbeitsalltags wenig gerüstet zu sein. Die aktuellen Werthaltungen, etwa in Bezug auf Tempo, Multitasking, Verfügbarkeit oder Leistungsoptimierung, kommen ihnen nicht entgegen. Das Paradigma „Ohne Fleiss kein Preis!" wurde kaum von einer gemütlichen Persönlichkeit formuliert, und das fokussierte, bedingungslose Besteigen der Karriereleiter ist nicht ihr Ding. Zudem kann diese Grundrichtung mitunter die Beweglichkeit einschränken: Bei schnell wechselnden Anforderungen bekunden gemütliche Menschen Mühe umzuschalten.

Wer allerdings genauer hinschaut, realisiert schnell, dass gemütliche Frauen und Männer meist über ein Stärkenprofil verfügen, das jedem Unternehmen eine Reihe unschätzbarer Vorteile bringt. Dazu zählen unter anderem:

- Geduld, Ruhe und Gelassenheit
- Selbständigkeit
- Ausgeglichenheit
- Gute Work-Life-Balance
- Fähigkeit und Bereitschaft zum Delegieren
- Integrationsfähigkeit
- Toleranz

Mit ihrer optimistischen Art sorgen Gemütliche für ein gutes Arbeitsklima. Sie sind geduldig und sehen selbst schwierigen Situationen gelassen entgegen. Sie haben die Fähigkeit, Stress gut auszugleichen und auf Mitarbeitende beruhigend zu wirken. In Konfliktsituationen mischen sie sich nicht ein. Da gemütliche Menschen grossen Wert auf Freiheit legen, gelingt es ihnen gut, sich ihre Arbeit selbst einzuteilen. Wobei eine Tendenz zum Aufschieben von unangenehmen Arbeiten leicht auszumachen ist. Gemütliche Führungspersonen können gut delegieren, sowohl Aufgaben als auch Kompetenzen.

Viele gemütliche Personen pflegen einen ökonomischen Umgang mit ihren Ressourcen. Während andere Mitarbeitende auf Hochtouren laufen, um sich anschliessend zu belohnen, gehen Gemütliche ihre Arbeit ganz anders – und in Wahrheit auch effizienter – an, indem sie ihre Energie und ihre Motivation aus der inneren Ruhe beziehen. Gemütliche müssen nicht gezwungen werden, eine Pause einzulegen, denn sie nehmen sich die Freiheit, ihr Tempo hin und wieder zu drosseln – um im Anschluss daran oft leistungsfähiger als ihre Kolleginnen und Kollegen weiterzuarbeiten. Gemütliche können sich durch ihren Arbeitsrhythmus gut vor dem Ausbrennen schützen und verirren sich selten in das berühmte Hamsterrad.

**Kennen Sie Balu aus dem Dschungelbuch?**
Bestimmt haben Sie das Dschungelbuch gelesen bzw. gesehen oder zumindest davon gehört. Im Zentrum steht das Findelkind Mogli, das vom Panther Baghira im Dschungel gefunden und bei einer Wolfsfamilie untergebracht wird. Mogli trifft unter anderem den unbekümmerten Bären Balu, der sein Lehrer in Sachen Gelassenheit, Zufriedenheit und Gemütlichkeit wird (Gilkyso 1967):

> Probier's mal mit Gemütlichkeit.
> Mit Ruhe und Gemütlichkeit
> jagst du den Alltag und die Sorgen weg.
> Und wenn du stets gemütlich bist
> und etwas appetitlich ist,
> dann nimm es dir, egal von welchem Fleck.

Balu müht sich nicht mit den Sorgen des Lebens ab. Sein Auge ist für die schönen Dinge des Lebens geschult:

> Die Bienen summen in der Luft,
> erfüllen sie mit Honigduft.
> Und schaust du unter den Stein,
> Erblickst du Ameisen, die hier gut gedeih'n.

Balu meidet Konflikte und Stress und ist überzeugt, dass sich Gemütlichkeit auszahlt:

## 6.4 Gemütliche und ihre Beziehungen

Dass gemütliche Persönlichkeiten Genuss-Menschen sind, zeigt sich auch in ihren Beziehungen. Sie sind den schönen Dingen des Lebens zugetan und teilen diese gerne mit ihrem Gegenüber. Ihre Lebensfreude wirkt ansteckend, ausgiebige Gespräche und Diskussionen sind ihnen wichtig. Während sie mit ihren engen Freunden sehr gerne gut und ausgiebig essen gehen, ist ihnen in der Partnerschaft Körperkontakt und Sexualität wichtig. In der Erotik wird „genussfreudig" zu „sinnlich". Sie begehren ihren Partner und schaffen eine warme und gemütliche Atmosphäre.

Hin und wieder neigen gemütliche Personen zur Oberflächlichkeit oder leben in ihrer eigenen Welt. Da sie Eile und Druck nicht mögen, lassen sie die Dinge gerne auf sich zukommen oder schieben sie auf die lange Bank. Manchmal überlassen sie die Verantwortung ihrem Partner.

„Ich geniesse meine Freiheit."

„*Keine Hektik!*" könnte der Leitsatz einer gemütlichen Person sein, oder: „*Ich will selbst bestimmen, was ich heute tue.*" Gemütliche sind die Meister der „*Ruhe*". Sie „*entspannen*" gerne und „*warten*" in heiklen Situationen lieber „*erst einmal ab*", als gleich in Aktivität auszubrechen. Sie mögen es „*bequem*", geben sich gerne dem „*Genuss*" hin und sind „*zufrieden*", wenn eine „*angenehme*", „*gelassene*" und „*gemütliche*" Atmosphäre herrscht. Sie haben einen Scharfblick für all das „*Schöne*", das ihnen das Leben bietet. In ihrem Wortschatz ist der Begriff „*Ich*" zentral, denn Gemütliche haben gelernt, sorgfältig auf die Wahrung eigener Interessen und „*Freiheiten*" zu achten.

**Aus der Praxis**
Stefan Gemütlich hat sich für ein Coaching angemeldet, weil ihm als gemütlicher Persönlichkeit die Regeltreue seiner konsequenten Mitarbeitenden und das Tempo seiner geschäftigen Mitarbeiter Schwierigkeiten bereiten und weil er damit nicht konstruktiv umzugehen weiss. Er weicht auf Trotzreaktion aus und treibt seine Gelassenheit derart demonstrativ auf die Spitze, dass sie sich kontraproduktiv auswirkt.

Ich frage ihn, mit welcher Person er am besten harmoniere und wie er sich dies erkläre. Am wohlsten fühle er sich im Zusammenleben mit seiner Ehefrau, erzählt er offen. Er habe sie unter ganz ungewöhnlichen Umständen kennengelernt und sie gestehe ihm einen grossen Freiraum zu. So könne er sich frei und ohne Druck entfalten. Wir sprechen darüber, wie sich diese Erkenntnis auf die künftige Zusammenarbeit mit dem Verwaltungsrat auswirken könnte. Stefan Gemütlich erkennt schrittweise die Blockaden der aktuellen Situation und realisiert, dass er zurzeit mehr reagiert als agiert. Er stelle sich selbst immer wieder in Frage, insbesondere in Bezug auf sein Arbeitstempo, erzählt er, und er fühle sich dabei unter Druck gesetzt. Ein Lösungsansatz liegt in der Erkenntnis, dass er mit seinem individuellen Tempo bisher stets seine Ziele erreicht hat. „Und erst noch zufriedener", bilanziert er, „weil es ja mein persönliches Tempo ist." Er nimmt sich vor, dies in der kommenden Verwaltungsratssitzung offen zu thematisieren.

## 6.5 Kosten und Gewinn der Grundrichtung „Gemütlich"

Gemütliche Menschen wenden sich den schönen und angenehmen Seiten des Lebens zu. Ihr Streben nach Genuss geht einher mit dem starken Wunsch nach Freiheit. Sie entwickeln Freude am Leben und wollen sich diese weder von schwierigen Situationen noch von anderen Menschen nehmen lassen. Auf Regeln, Vorschriften und Fremdbestimmung reagieren sie öfters gereizt, Druck und Verantwortung versuchen sie konsequent zu vermeiden. Durch ihr Lebensskript können Gemütliche im besten Fall ein selbstbestimmtes, entspanntes und genussvolles Leben gewinnen. Die Kehrseite der Medaille kann der fehlende gesellschaftliche Beifall sein, etwa dann, wenn Gemütliche als wenig ehrgeizig, produktiv oder erfolgreich wahrgenommen werden.

## 6.6 Ermutigt oder entmutigt?

Während ermutigte Gemütliche in der Lage sind, Privat- und Arbeitsatmosphäre durch ihre gelassene Ausstrahlung nachhaltig positiv zu beeinflussen, irritieren entmutigte Gemütliche mit innerem oder äusserem Rückzug (Tab. 6.1):

**Tab. 6.1** Die Gemütlichen: Ermutigt oder entmutigt?

| Ermutigt | Entmutigt |
|---|---|
| Grosse Lebensfreude | Ungeduldig |
| Auge für das Schöne | Mögen Stress und Druck nicht |
| Können abschalten und geniessen | Fühlen sich schnell überlastet |
| Leben in den Tag hinein | Verschieben unangenehme Arbeiten |
| Sorgen für Wohlfühlatmosphäre | Geben Verantwortung ab |
| Ihre Freude steckt an | Nicht produktiv |
| Schauen gut zu sich | Nicht erfolgreich |
| Optimistisch | Können mit Vorschriften und Regeln |
| Unbekümmert | schlecht umgehen |
| Zufrieden | Oberflächlich |
| Gesund | Egoistisch |
| Ausgeglichen und gelassen | Neigen zur schnellen Entlastungsfindung: |
| Tolerant | „Das kann ich nicht!" |
| Selbstsicher | |
| Autonom | |

## Literatur

Gilkyso T (1967) The Bare Necessities. https://www.youtube.com/watch?v=v_EWWyJfgPc. Zugegriffen am 15.06.2020

Jobs S (2005) Rede an der Abschlussfeier Stanford University. http://www.youtube.com/watch?v=DpMwWaxoI4Y. Zugegriffen am 15.06.2020

# Die 4 Grundrichtungen: Die markanten Ausprägungen im Überblick

7

In den vergangenen vier Kapiteln haben wir uns intensiv mit den vier Grundrichtungen der Persönlichkeit auseinandergesetzt: Erinnern Sie sich an Susi Geschäftig, die bereit ist, mehr als 100 % Einsatz zu zeigen, um Mittelmass zu vermeiden und an die Spitze zu stürmen? Oder an Alex Konsequent, der sich stets einen optimalen Überblick über seine Aufgaben verschafft und Überraschungen gerne aus dem Weg geht? Ist Ihnen Gabriela Freundlich noch präsent? Sie ist diejenige, welche vertrauensvollen Beziehungen den höchsten Wert beimisst und auf jeglichen Konfrontationskurs verzichtet. Bestimmt haben Sie auch die Lebensfreude von Stefan Gemütlich noch vor Augen: Er möchte seinen Arbeitsrhythmus autonom bestimmen können und schätzt ein gepflegtes Abendessen ebenso wie eine Mussestunde in der Natur. Im folgenden Kapitel werden die Merkmale aller vier Typen auf einen Blick zusammengestellt. Erkennen Sie die vier Persönlichkeiten anhand ihres Verhaltens im Arbeitsumfeld und im Beziehungsalltag.

## 7.1 Die vier Grundrichtungen am Arbeitsplatz

Stellen Sie sich vor, Sie seien in Ihrem Unternehmen für die Personalplanung verantwortlich und müssten eine wichtige neue Position besetzen. Es handelt sich dabei um die des Verkaufsleiters, der Verkaufsleiterin mit 8 Mitarbeitenden im Aussendienst. Zur Auswahl stehen vier Bewerbende, die im folgenden Abschnitt mit ihren Facetten, Stärken und Schwächen beschrieben werden. Für wen würden Sie sich entscheiden und warum? Machen Sie sich beim Lesen ein paar Notizen dazu und Sie trainieren gleich zusätzliche, wichtige Führungsfähigkeiten.

**Bewerber/-in 1: „Herausforderung erwünscht!"**

> **Aus der Praxis**
> Geschäftige Mitarbeiterinnen und Mitarbeiter suchen nach einer Position, die sie herausfordert und die ihnen Abwechslung bietet. Sie mögen es, Impulse zu setzen und mitzubestimmen. Sie übernehmen gerne Verantwortung – oder lieber gleich eine Führungsposition. Dabei strotzen sie vor Energie, engagieren sich über die normale Arbeitszeit hinaus und beweisen Mut und Risikofreude. Sie können andere fördern und inspirieren und zeichnen sich durch Intuition und Ideenreichtum aus.

**Top-5-Skills**
- Hohe Leistungsbereitschaft
- Unermüdlicher Vorwärtsdrang
- Durchsetzungsfähigkeit
- Beweglichkeit und Multitasking
- Ausgeprägtes Kreativpotenzial

**In Betracht ziehen** Der hohe Einsatz, den Geschäftige leisten, und ihre Bereitschaft zu täglichen Überstunden können bei anderen Mitarbeitenden Irritationen auslösen. Ausserdem können Konflikte entstehen, wenn es Geschäftige besser wissen und Kritik nicht annehmen können. Sich gerne im Vordergrund zu wissen und der Anspruch, die wichtigste Person zu sein, gehört ebenfalls zur geschäftigen Persönlichkeit. Durch Bildung und Berufserfahrung haben sie sich eine hohe Fachkompetenz angeeignet, die sie als Experten qualifiziert.

**Bewerber/-in 2: „Wenn, dann richtig!"**

> **Aus der Praxis**
> Konsequente Mitarbeitende formulieren klare Ziele und wollen diese in der Folge auch erreichen. Ihr Antrieb ist das perfekte Resultat. Sie denken und handeln diszipliniert und legen Hingabe und Entschlossenheit an den Tag. Sie planen weitsichtig, strukturieren ihre Arbeit und teilen sich ihre Zeit realistisch ein. Dabei vermitteln sie Sicherheit und wirken jederzeit verlässlich.

## 7.1 Die vier Grundrichtungen am Arbeitsplatz

**Top-5-Skills**
- Verlässlichkeit
- Fachkompetenz
- Organisationstalent
- Hoher Qualitätsanspruch
- Disziplin und Sparsamkeit

**In Betracht ziehen** Ob mit der eigenen Arbeit oder mit derjenigen ihrer Mitarbeitenden: Konsequente sind selten ganz zufrieden. So fällt es ihnen schwer, Applaus zu spenden und Befriedigung auszudrücken. Sie sind ihrem Team gegenüber eher kritisch eingestellt. Die Forderung nach konsequenter Einhaltung von Abmachungen und Terminen kann Mitarbeitende unter Druck setzen. Eine konsequente Persönlichkeit bekundet Mühe mit Flexibilität und schnellen Entscheidungen. Sie kann auch durchaus rechthaberisch sein.

**Bewerber/-in 3: „Was brauchen Sie?"**

> **Aus der Praxis**
> Die freundliche Persönlichkeit hat ausgeprägtes Verkaufstalent. Intuitiv erfasst sie die Bedürfnisse von Kunden und ist stets um sie bemüht. Zeigt zudem eine hohe Einsatzbereitschaft – denn die Zufriedenheit des Auftraggebers oder Kunden ist erstrangig. Freundliche Mitarbeiterinnen und Mitarbeiter sind die gute Seele eines Unternehmens. Sie fühlen sich erfüllt, wenn sie gebraucht werden. Sie bevorzugen ein offenes, harmonisches Betriebsklima und engagieren sich unermüdlich für ein solches. Eine freundliche Stimme, Einfühlungsvermögen sowie Sozialkompetenz sind ihre Markenzeichen. Dank ihrer Moderationsfähigkeiten gelingt es ihnen, lösungsorientiert zu vermitteln.

**Top-5-Skills**
- Hohe Sozialkompetenz
- Sensibilität
- Geduld und Empathie
- Moderationstalent und diplomatisches Geschick
- Teamgeist und Integrationsfähigkeit

**In Betracht ziehen** Freundliche Personen neigen dazu, zu viele Arbeiten und Verantwortlichkeiten zu übernehmen. Dadurch kann es zu Überstunden oder Terminverschiebungen kommen. Insbesondere wenn gleichzeitig Mitarbeitende ihre sozialen und empathischen Fähigkeiten einfordern. Oder wenn sie zu sehr bemüht sind, anspruchsvolle Kunden zufrieden zu stellen. Freundliche vermitteln gerne, sind aber selbst nicht gern Zielscheibe in einem Konflikt und nehmen Kritik bisweilen sehr persönlich.

**Bewerber/-in 4: „Immer mit der Ruhe!"**

**Aus der Praxis**
Gemütliche Mitarbeitende strahlen Lebensfreude sowie Optimismus aus und wirken mit ihrer ruhigen Art ausgleichend. Dank ihrer Gelassenheit sehen sie schwierigen Situationen entspannt entgegen und beziehen ihre Energie und Motivation aus der inneren Ruhe. Sie pflegen einen ökonomischen Umgang mit ihren Ressourcen und legen grossen Wert auf Freiheit. Sie teilen sich ihre Arbeit gerne selbst ein und können Aufgaben und Kompetenzen gut delegieren.

**Top-5-Skills**
- Zufriedenheit
- Beständigkeit
- Gelassenheit und Pragmatismus
- Selbständigkeit
- Lebensfreude und Ausgeglichenheit

**In Betracht ziehen** Das fokussierte Aufsteigen auf der eigenen Karriereleiter ist nicht das Ding der Gemütlichen. Bei wechselnden Anforderungen bekunden sie manchmal Mühe, umzuschalten. Um die Lebensfreude und Ausgeglichenheit zu wahren, brauchen gemütliche Personen die Möglichkeit, selbstständig ihre Arbeiten erledigen zu können. Sie hassen Druck, Eile und Bevormundung durch andere.

Das Auswählen des geeigneten Teammitglieds dürfte Ihnen nicht so leicht fallen, verfügen doch alle vier Persönlichkeiten über herausragende Kompetenzen und Möglichkeiten. Der Idealfall wäre wohl eine ausgeglichene Mischung aller vier Grundrichtungen. Zum Beispiel eine durchsetzungsstarke, kompetente, hilfsbereite und selbstständige Fachperson. Doch dazu später mehr.

## 7.2 Die vier Grundrichtungen im Beziehungsalltag

Können Sie sich an Ihre Teenagerzeit erinnern und daran, zu welchem Typ Mann bzw. Frau Sie sich spontan hingezogen gefühlt haben? Abenteuer, Sicherheit, Nähe, Behaglichkeit: Was machte einen Menschen für Sie interessant und begehrenswert?

**Partner/-in 1: Bewegung und Abenteuer**

> **Aus der Praxis**
> Eine Beziehung mit einer geschäftigen Person ist in jedem Fall abwechslungsreich und faszinierend. Geschäftige können begeistern und mitreissen und stehen für einen erlebnisorientierten, aufregenden Lebensstil. Sie verfügen über Charme und Überzeugungskraft und erweisen sich als grosszügig.

**Zusatz: hohes Tempo** Eine geschäftige Person neigt hin und wieder dazu, ihren Partner in den Hintergrund zu drängen. Sie kann im Extremfall dominant und impulsiv sein sowie Rücksicht und Mitspracherecht vermissen lassen. Wer mit einem geschäftigen Menschen zusammenlebt, muss ein hohes Tempo aushalten können.

**Partner/-in 2: Schutz und Sicherheit**

> **Aus der Praxis**
> Taten statt Worte! Dies ist die grosse Stärke, die konsequente Persönlichkeiten in ihre Beziehungen mitbringen. Sie sind treu und kümmern sich fürsorglich um Partner und Familie. Durch ihre umsichtige Art zu planen und ihre Sparsamkeit vermitteln sie Sicherheit.

**Zusatz: Ordnung muss sein** Aus Fürsorge kann Bevormundung oder gar Einengung werden. Hin und wieder stellen konsequente Menschen Ordnung und Kontrolle über die Beziehung. Sie mögen keine Überraschungen, und ihre Liebe kann bisweilen distanziert wirken.

**Partner/-in 3: Unterstützung und Vertrauen**

> **Aus der Praxis**
> Freundliche Partner schaffen eine Atmosphäre des Vertrauens. Sie sind aufmerksam, können sich in andere Menschen einfühlen und nehmen Rücksicht auf die Bedürfnisse ihres Partners. Nebst ihrer überragenden Hilfsbereitschaft verfügen Freundliche über ein hohes Mass an Nachsichtigkeit und Geduld.

**Zusatz: Empfindlichkeiten** Kritik tut Freundlichen weh. Sie versuchen diese mit Freundlichkeit und Entgegenkommen zu vermeiden. „Bitte nicht beissen". Sie suchen beharrlich nach Anerkennung und Bestätigung ihres Einsatzes. Ohne dies kommt ihr Innenleben ins Wanken. Sie wollen zudem ihre Liebsten in ihrer Nähe wissen.

**Partner/-in 4: Autonomie und Lebensfreude**

> **Aus der Praxis**
> Gemütliche Menschen sind den schönen Dingen des Lebens zugewandt und lassen ihre Partner gerne daran teilhaben. Beziehungen mit Gemütlichen sind von Lebensfreude, ausgiebigen Gesprächen und Körperkontakt geprägt. Die Selbstbestimmung, die gemütliche Personen für sich beanspruchen, gestehen sie auch ihrem Partner zu.

**Zusatz: Bedächtigkeit** Gemütliche mögen weder Eile noch Druck und reagieren bisweilen ungehalten auf Forderungen. Sie neigen zudem dazu, Verantwortung abzugeben und sich in ihre eigene Welt zurückzuziehen. Hin und wieder werden sie als oberflächlich wahrgenommen.

Wie im Arbeitsleben sind auch im Beziehungsalltag alle vier Grundrichtungen der Persönlichkeit auf ihre individuelle Weise faszinierend und anziehend sowie gleichwertig.

# Entschleunigung: Entwicklungsperspektiven für Geschäftige

8

Meistens ist das Neue nicht schwer, nur anders, ungewohnt. (Theo Schoenaker, in Schoenaker und Schoenaker 2009, S. 78)

**Aus der Praxis**
Geschäftige Persönlichkeiten führen oft ein temporeiches Leben. Sie nehmen permanent Informationen auf und verarbeiten diese impulsiv. Im Bestreben, ihr Umfeld und sich selbst permanent zu entwickeln und zu verbessern, sind sie ununterbrochen aktiv und suchen nach neuen Möglichkeiten und Lösungen. Sie sind meist in Bewegung, sprudeln vor Kreativität und betreiben ein beeindruckendes Multitasking. Die starke Identifikation mit Arbeit und Aufgaben, das hohe Verantwortungsbewusstsein und die konstante Leistungsbereitschaft führen in vielen Fällen zum Erfolg und zur gewünschten Anerkennung. Auf der anderen Seite hat der pausenlose Selbstantrieb allerdings seine Schattenseiten: Geschäftige klagen über Zeitmangel oder Atemlosigkeit und verausgaben sich bis zum Herzinfarkt. Da geschäftige Menschen Leerlauf oder Stagnation als Versagen taxieren und um jeden Preis vermeiden wollen, ignorieren sie in den meisten Fällen die ersten Ermüdungserscheinungen und neigen sogar dazu, bei drohendem Stillstand die Geschwindigkeit zu erhöhen. Der jahrelange Raubbau an den körperlichen, seelischen und geistigen Ressourcen führt nicht selten zum plötzlichen Zusammenbruch.

Wie allen anderen Persönlichkeiten eröffnen sich auch geschäftigen Menschen eine Reihe von Chancen und Möglichkeiten, ihr gewohntes Verhalten zu reflektieren und schrittweise zu verändern.

## 8.1 Rhythmus optimieren

Versetzen Sie sich in eine geschäftige Führungspersönlichkeit: Sie hat soeben hochkonzentriert eine 30-minütige Sitzung moderiert und dabei sowohl strategische Gedanken als auch persönliche Statements ihres Team strukturiert und in erfolgsversprechende Bahnen gelenkt. Nach dieser Höchstleistung wäre eine kurze Pause zwingend notwendig. Doch statt sich zu entspannen, wird die Person wahrscheinlich ihr Smartphone checken und sich um die verpassten Anrufe und die eingegangenen E-Mails kümmern, um danach in unverändertem Rhythmus weiterzuarbeiten.

Dies ist kein Einzelfall. Es ist bekannt, dass Führungspersönlichkeiten während Stunden durcharbeiten, obwohl permanente Aktivität und die Anforderung, sich ständig auf schnell wechselnde Situationen einstellen zu müssen, Pausen zur Verarbeitung und Erholung verlangen würden. Geschäftige Menschen müssen erkennen, dass pausenlose Arbeit nicht nur ineffizient ist, sondern auch zu Fehlern und Fehleinschätzungen führen kann. Sie haben richtig gelesen – erkennen! Geschäftige spüren und erleben wenig Erschöpfung, verfügen über eine unglaubliche Resilienz. Pausen werden für unnötige Zeitverschwendung gehalten. Erzwungene Ruhephasen machen sie ungeduldig und ungehalten, sie verstärken den Druck, wollen mehr, sehen immer neue Möglichkeiten. Bringt sich eine geschäftige Person durch den steten Leistungsantrieb körperlich an Grenzen, so muss sie meist der Körper selbst stoppen. Vielleicht ist Ihnen das Wort „Managerkrankheiten" ein Begriff. Lernen Sie sich selbst zu stoppen. Trainieren Sie „faule Zeiten" und umschiffen Sie Ihren Herzinfarkt in weiser Selbstregulierung. Erkennen Sie – handeln Sie – bevor ihr Körper handelt! Der Schlüssel liegt in einem gesunden, bewusst gepflegten Rhythmus von Anspannung und Entspannung. Dabei muss jede geschäftige Persönlichkeit für sich die geeigneten Intervalle definieren. Entspannungsstühle für Geschäftige müssten übrigens unbedingt mit einem Sicherheitsgurt ausgestattet sein: Damit diese nicht gleich bei der nächsten guten Idee wieder aufspringen.

## 8.2 Entspannung geniessen

Das Innenleben von Organisationen wird heute mehr denn je durch hektische Betriebsamkeit geprägt. Im täglichen Hamsterrad der vermeintlichen Effizienz bleibt oft die langfristige Effektivität auf der Strecke. In vielen Fällen haben wir solches Verhalten auch auf unser Privat- und Familienleben übertragen. Wer nicht ständig sichtbar aktiv ist, gerät in Erklärungsnotstand. Vom erfolgreichen Schweizer Manager Philipp Gaydoul (Navyboot, Fogal, EHC Kloten) ist das folgende bemerkenswerte Statement bekannt (Ringier AG 2008):

> Langeweile? Ja, Langeweile! Jeder Kinderpsychologe doziert, dass Kinder lernen müssen, sich zu langweilen. Uns Erwachsenen bleibt dieses Privileg versagt. Dabei sind wir ungleich viel leistungsfähiger, wenn wir uns die Freiheit nehmen, uns gelegentlich auf uns selbst zu besinnen – manchmal sogar nicht einmal das, sondern nur zu entspannen. „Let loose", wie die Angelsachsen so schön sagen. Wehe dem Manager, der nicht im Zeitungsinterview zu Protokoll gibt, dass für ihn der 12- oder 15-Stunden-Tag die Norm ist. Er wird rasch als „faule Socke" gebrandmarkt. Ich habe einmal bei einem Journalisten totale Konsternation ausgelöst, als ich ihm auf seine Frage nach meinen Hobbys spontan antwortete: Nichtstun.

Planen Sie deshalb sowohl im Arbeits- als auch im Familienleben Ruhephasen ein, welche sie im Terminkalender verbindlich fixieren. Entdecken Sie dabei Ihre Energiequellen und schaffen Sie sich konkrete Möglichkeiten, um

- die Seele baumeln zu lassen,
- eigene Hobbies zu pflegen,
- gemütlich die Zeitung oder ein Buch zu lesen,
- in den Tag „hineinzuleben",
- Musik zu hören, ohne gleichzeitig etwas anders zu tun,
- ungezwungen mit Freunden zu plaudern.

Machen Sie sich in Ruhe Gedanken darüber, welche Tätigkeiten Ihnen Spass machen und Erholung ermöglichen. Vielleicht ist es dabei notwendig, einige Jahre zurückzublenden und sich an die Kindheit zu erinnern: Was hat damals geholfen, sich zu entspannen und zu vergessen? Oft ist es hilfreich, Rituale zu pflegen.

## 8.3 Erfolgreich zusammenarbeiten

Das Gemeinschaftsgefühl setzt vor allem ein gesichertes Persönlichkeitsgefühl voraus. (Wexberg 1932, S. 97)

Geschäftige Persönlichkeiten, welche ihr Denk- und Verhaltensmuster reflektiert und sich in einem bewussten Prozess zu ermutigten Menschen entwickelt haben, sind in der Lage, erfolgreich mit anderen zu kooperieren und die Zusammenarbeit als Mittel zur Effizienzsteigerung einzusetzen. Bedingungen dafür sind das Überwinden der jeder Person anhaftenden, persönlichen Minderwertigkeitsgefühle und das Beachten der sozialen Gleichwertigkeit.

Minderwertigkeitsgefühle sind keine Krankheit. „Mensch sein heisst, sich minderwertig zu fühlen" (Adler 1997, S. 7), lautet eine Aussage des Individualpsychologen Alfred Adler. Das Empfinden von Minderwertigkeit beginnt schon sehr früh, wenn sich das Kind in alltäglichen Situationen mit älteren Kindern oder Erwachsenen vergleicht. Minderwertigkeitsgefühle sind das unangenehme Eingeständnis der eigenen Unzulänglichkeit oder Unterlegenheit gegenüber anderen in einzelnen Situationen. Allerdings bergen Minderwertigkeitsgefühle zwei wesentliche Gefahren: Ihr Ausmass und ihre Intensität entsprechen selten unseren wirklichen Fähigkeiten und Mängeln. Vielmehr finden wir in ihnen die Einschätzung aus der Kindheit, die wir beibehalten haben. Bei Geschäftigen ist dies nicht selten die gemachte Erfahrung: „Ich bin nur gut genug, wenn ich herausragend bin". Gut oder gar mittelmässig sein heisst demzufolge, nicht gut genug zu sein und wird abgelehnt. Denn es würde bedeuten, dass sich die Person unmittelbar in einer gefühlten Minussituation befindet. Diese muss vermieden oder aber überwunden werden. Dazu eignet sich die aktiv-konstruktive Kompensation und die Über- bzw. Fehlkompensation. Die aktiv-konstruktive Kompensation ist an und für sich eine ganz normale, menschliche Bewegung, um aus einer Minussituation (Minderwertigkeit) in eine Plussituation (guter Selbstwert) zu kommen. Es handelt sich demnach um eine Ausgleichsbewegung die aus einer gefühlten misslichen Mangellage hilft und sozial verträglich, also vom Umfeld nicht als störend empfunden wird.

Demgegenüber steht die Über- bzw. Fehlkompensation: Ein Bewegungsmuster, das übermässige Kraft braucht, meist über das Ziel hinausschiesst und sozial nicht gut verträglich ist. Das Umfeld reagiert genervt und verärgert, fühlt sich gestört oder machtvoll herausgefordert. Menschen mit grossem Kompensationsbedürfnis (Bärtschi o. J.) zeichnen sich durch folgende Verhaltensweisen aus:

- Sie sind (vermeintlich) aktiv – bringen sich überall ein.
- Sie wirken überdynamisch.

- Sie betreiben viel Aufwand und Wirbel.
- Sie treiben Raubbau am Körper.
- Sie treten demonstrativ und provokativ auf.
- Sie verhalten sich unangemessen.
- Sie schiessen über das Ziel hinaus.
- Ihr Aufwand steht in einem ungesunden Verhältnis zum Erreichten.
- Leben in Machtkämpfen.

## 8.4 Beispiel einer Kompensation und Über- bzw. Fehlkompensation

Ein Mann erinnert sich, dass er als Kind vom Vater gerufen wird, ihm bei einer handwerklichen Arbeit zu helfen. Er bittet ihn, ihm Schrauben zu reichen. Als er es auch beim dritten Versuch nicht schafft, die richtige Schraube zu finden, schreit ihn der Vater an: „Du bist absolut nicht zu gebrauchen – nichts machst du richtig – weil du einfach nichts weisst" und schickt ihn weg. Die Aussage des Vaters „weil du nichts weisst" und weitere ähnliche Erlebnisse lassen das Kind sich schmerzlich minderwertig fühlen.

**Aktiv-konstruktive Kompensation** Das Kind beginnt sich aus der Mangellage heraus für Wissen zu interessieren. Es lernt beispielsweise, was für Arten Schrauben es gibt und sichert sich so durch Wissen ab, nicht mehr in eine solch schmerzliche Situation zu kommen. Der erwachsene Mann wird auf Wissen viel Wert legen und sich auf der „sicheren" Seite des Wissens bewegen.

**Über- bzw. Fehlkompensation** Das Kind entwickelt getrieben aus der Minussituation ein auffallendes Verhalten seinen Platz zu sichern. Es beginnt krampfhaft zu beweisen, dass es Dinge richtig machen kann. Es versucht andere darin zu übertrumpfen. Besser zu sein. Es baut Wissen auf, um es anderen zu zeigen. Der erwachsene Mann wird auffallend Recht haben wollen und anderen beweisen wollen, dass diese falsch liegen und er es auf jeden Fall besser wisse. Er sichert durch übermässigen Wissensaufbau und dessen Demonstration seine Überlegenheit, was wiederum nichts anderes ist als eine Selbstwertsicherung.

Finden Sie heraus, wodurch Ihre Minderwertigkeitsgefühle (z. B. das Gefühl, nicht zu genügen) verursacht werden. Nehmen Sie eine konkrete Situation aus Ihrem Alltag, in der Sie sich unzulänglich gefühlt haben, oder Sie sich unzulänglich fühlen könnten, wenn Sie die Situation zulassen würden und reflektieren Sie Ihre „Minderwertigkeit" in einer ruhigen Minute. Achten Sie vor allem darauf, wo und wie Sie ganz kurz in der (gefühlten) Minderwertigkeit ankommen, beobachten Sie Ihre unmittelbaren Selbstgespräche, Ihre anschliessende Handlung und wo Sie in Ihren Reaktionen über das Ziel hinausschiessen. Wenn Sie die Zusammenhänge erkennen, haben Sie eine Brücke vom unbewussten zum bewussten Handeln gebaut. Sie erkennen dadurch Wechselwirkungen besser und können differenzieren, dass das bekannte Gefühl, nicht zu genügen, nichts mit der gerade erlebten Situation zu tun hat, sondern ein Programm aus der Vergangenheit ist, welches in dieser Situation abgerufen wird.

Ein reflektierter Umgang mit sich selbst ist Voraussetzung für einen professionellen Umgang mit anderen. Erst wer sich selber erkannt hat, kann auch andere erkennen.

> **Gedankenanstoss**
> Um Erschöpfung gezielt vorzubeugen, empfiehlt es sich, das persönliche Stressmuster kennenzulernen. Die nachfolgenden Fragen ermöglichen Ihnen, den Alltag zu analysieren:
>
> - Überlegen Sie, wobei Sie Stress empfinden. Denken Sie an Situationen oder Tage, an denen Sie erschöpft waren. Was war der Grund? Halten Sie eine typische Situation, in der sich Stress äusserte (Ort, Zeitpunkt, Beteiligte, etc.), schriftlich fest.
> - Notieren Sie Ihre Selbstgespräche, wenn Sie in Stress geraten. Was denken Sie dabei?
> - Was fühlen Sie in solchen Momenten?
> - Achten Sie auf Ihren Herzschlag, die Atmungsfrequenz, den Blutdruck und die Körpertemperatur. Was fühlen Sie?
> - Welche Überforderungsreaktionen nehmen Sie wahr?
>   - Gedanklich
>   - Emotional
>   - Körperlich

> Gleichwertigkeit:
> Wo führt eine versteckte Minderwertigkeit Sie in die Überkompensation/Macht?
> In welchen Situationen reagiert Ihr soziales Umfeld genervt, betroffen schweigend, da entwertet oder machtvoll angreifend (Abwehr)?

## Literatur

Adler A (1997) Menschenkenntnis. Fischer Taschenbuch, Frankfurt
Bärtschi UR (o. J.) Macht im Führungsalltag. https://urs-r-baertschi-coaching.ch/produkt/13-macht-im-fuhrungsalltag/. Zugegriffen am 15.06.2020
Ringier AG (Hrsg) (2008) Das Gaydoul-Erfolgsrezept. http://www.blick.ch/news/wirtschaft/das-gaydoul-erfolgsrezept-id167626.html. Zugegriffen am 15.06.2020
Schoenaker T, Schoenaker J (2009) Wie im Märchen, 1. Aufl. RDI, Bocholt, S 78
Wexberg E (1932) Arbeit und Gemeinschaft. S. Hirzel, Leipzig

# Gelassenheit: Entwicklungsperspektiven für Konsequente

9

Auch Emotionen sind produktiv. (Petra Jenner, CEO Microsoft Schweiz, 2012)

**Aus der Praxis**
Konsequente Menschen haben auf den ersten Blick alles im Griff: ihren Terminkalender, ihre Projekte und sich selbst. Sie besitzen eine bemerkenswerte Gabe, zu strukturieren und weitsichtig zu planen. Sie überlassen weder im Arbeits- noch im Privatleben etwas dem Zufall – so ist auch ihre Berufskarriere oft detailliert und langfristig geplant. Indem sie Ordnung schaffen, behalten Konsequente jederzeit Übersicht und Kontrolle. Unvorhergesehenes, Überraschungen und Spontaneität sind eher unerwünscht. Zudem zeichnen sie sich durch einen maximalen Qualitätsanspruch aus. In ihren Augen ist „gut" nicht gut genug: Sie sehen meist noch eine Möglichkeit zur Steigerung und streben beharrlich nach Perfektion. Dies führt zwangsläufig zu ausserordentlich hohen Erwartungen an sich selbst und andere. Konsequente Führungspersönlichkeiten führen ihre Teams mit einem kritischen Auge und legen Wert auf Disziplin, Detailtreue und Zuverlässigkeit. Konsequente Personen sind häufig scharfe Beobachter und brillante Denker. Ihren Selbstwert beziehen sie aus ihrem Wissen und der Fachkompetenz, welche sie sich sukzessive angeeignet haben. Bei manchen konsequenten Menschen spielen emotionale und soziale Kompetenzen eher eine untergeordnete Rolle.

Der konsequente Mensch läuft Gefahr, seine Entwicklungsmöglichkeiten nach bekanntem Muster anzugehen: mit dem Anspruch auf Vollkommenheit und nach streng kontrolliertem Zeitplan. Gelingt es ihm, diese Gewohnheit zu durchbrechen und sich schrittweise und vertrauensvoll auf Neues einzulassen, stehen ihm zahlreiche Wege zur Veränderung offen:

## 9.1 Mut zur Unvollkommenheit

▶ „Ich darf Fehler machen!"

Diese Erkenntnis klingt im ersten Moment wenig spektakulär. Für viele Menschen ist es allerdings ein langer Weg, bis sie sich den einfachen Satz selber zusprechen können. Haben sie sich einmal dazu entschieden, wirken sie befreit und mit neuer Energie erfüllt. Das Fundament für den schwierigen Umgang mit eigenen Fehlern liegt häufig in frühkindlichen Erfahrungen: Sie haben vielleicht gelernt, dass Fehler bestraft werden oder wichtige Bezugspersonen enttäuschen. Möglicherweise wurden sie ausschliesslich für überdurchschnittlichen Kraftaufwand gelobt bzw. belohnt (beispielsweise für perfektes Verhalten) und haben dieses Programm verinnerlicht und verstärkt. Obwohl sie heute für Fehler nicht mehr bestraft werden, haben sie nicht aufgehört, sich Unzulänglichkeiten zu verbieten.

Weshalb ist der Mut zur Unvollkommenheit so wichtig? Bedenken Sie, dass der Mensch in seiner angeborenen Unvollkommenheit nie eine vollkommene Wirklichkeit schaffen kann. Diese wird immer mit Irrtümern und Fehlern durchsetzt sein. Es gilt, mit Unzulänglichkeiten zu leben und dabei Freude und Gelassenheit zu finden. Mit einer gesunden Portion Unvollkommenheit lässt es sich leichter leben und vorwärtskommen, denn Unvollkommenheit wirkt authentisch. Sie brauchen sich damit nicht zu verstecken. Sie werden hin und wieder Fehler machen und zeigen damit, dass Sie menschlich sind.

Die Individualpsychologie ermutigte dazu, „nicht perfekt zu sein". So geht der Begriff „Mut zur Unvollkommenheit" auf Sofie Lazarsfeld zurück (Levy und Mackenthun 2002, S. 106). Erst mit dem Mut, unvollkommen zu sein, werde eine gesunde Gelassenheit möglich. Wenn Sie sich Schwächen zugestehen, hören Sie leichter auf, sich Sorgen um Vergangenes zu machen. Stattdessen konzentrieren Sie sich auf das, was heute passiert. So können Sie:

- Ihre Mitarbeitenden ermutigen, das Beste zu geben, anstatt Perfektion zu erwarten.

- Fehler als Teil des Lernprozesses betrachten – und nicht als Versagen. Jeder macht Fehler. Sie sind erlaubt, solange sie nicht vertuscht werden.
- Das Verständnis fördern, dass kollegiales Miteinander im Vordergrund steht – nicht die Überlegenheit, besser zu sein als andere.
- Bemühungen und Fortschritte anerkennen.

## 9.2 Mut zu Entscheidungen

Ich habe konsequente Menschen erlebt, die sich im Restaurant kaum für ein Essen entscheiden konnten. Nachdem sie nach langem Überlegen, Abwägen und Zögern ihre Bestellung aufgegeben hatten, waren sie nicht etwa entlastet, sondern unzufrieden mit ihrer Wahl. Es hätte ja vielleicht ein besseres, preisgünstigeres oder gesünderes Essen gegeben. Konsequente Menschen müssen lernen, ihre Entscheidungsprozesse auf die Gefahr hin, dass ihnen ein Fehler unterläuft, zu kürzen. Sie werden ohnehin stets sorgfältig abwägen und allfällige Fehlentscheidungen schnell korrigieren.

## 9.3 Mut zu Emotionen

Die direktive Aussage *„Nicht emotional werden, sondern sachlich bleiben!"* könnte von einer konsequenten Person stammen. In vielen Unternehmen gilt ein regelrechter „Mythos der Sachlichkeit". Sätze wie *„Bitte lassen Sie uns sachlich bleiben"* oder: *„Gefühle spielen bei dieser Entscheidung keine Rolle"* sind beinahe alltäglich. Bereits Kinder werden ermahnt: *„Sei doch vernünftig!"*. Weshalb ist unser Umgang mit Gefühlen oft durch Hilflosigkeit geprägt?

Gefühle haben immer einen Anteil Unberechenbarkeit. Sachlichkeit hingegen wird mit Klarheit und Vorausschaubarkeit verbunden. Emotionen erscheinen in diesem Zusammenhang als Hindernis und Störung: Sie lenken ab, verhindern die Objektivität und verkomplizieren die Entscheidungsfindung. Gewisse Menschen, darunter viele konsequente, wähnen sich in Sicherheit, wenn sie die „unsicheren und nicht planbaren" Emotionen ausblenden können. Konsequente Persönlichkeiten sind herausgefordert, einen neuen Zugang zu ihren Gefühlen zu finden, diese zu bejahen und in ihr Verhaltensrepertoire zu integrieren. Hilfreich ist dabei die Erkenntnis, wie fundamental wichtig Emotionen im Arbeits- und Familienalltag sind. Oder glauben Sie nicht daran, dass Begeisterung, Leidenschaft oder Motivation für den Unternehmenserfolg oder für eine persönliche Beziehung ebenso wichtig sind wie Fachkompetenz und Sachlichkeit? Der Psychologe Daniel Goleman prägte den Begriff der „emotionalen Intelligenz" (Goleman 1997) und meinte damit den vorteilhaften Umgang mit den eigenen Gefühlen und den Gefühlen anderer.

Aus Werbung und Verkauf weiss man längst, dass emotionale Aspekte bei Entscheidungen eine wesentliche Rolle spielen. Nebst Fakten zählen bei der Kaufentscheidung Sympathie, Zuwendung, Interesse und Vertrauen zu den zentralen Faktoren. Wer auf glaubwürdige Weise Empathie und Integrität vermitteln kann, wird automatisch ernster genommen, auch wenn seine Fachkompetenz nicht in allen Bereichen vollkommen ist. Hier stossen konsequente Menschen schneller als andere an ihre Grenzen. Die abendländische Tradition des Denkens – René Descartes: „Ich denke, also bin ich" – steht ihnen näher als die soften Faktoren der emotionalen und sozialen Kompetenz. Ihre Welt ist diejenige der Logik und der Fakten, weniger diejenige der schwer fassbaren Gefühle.

Wer einen eher distanzierten Zugang zu seinen Gefühlen hat, sollte damit beginnen, seine Achtsamkeit zu trainieren. Selbstwahrnehmung ist die Grundlage emotionaler Intelligenz. Sie ist Voraussetzung für die Einsicht in die eigenen Verhaltensmuster und für bewusstes Handeln. Je weniger ein Mensch seine Denkmuster und Impulse wahrnimmt und versteht, umso stärker ist er ihnen unterworfen. Ohne Selbstwahrnehmung ist der Mensch den eigenen Emotionen und Reaktionen hilflos ausgeliefert. Menschen, die ihr Innenleben kennen, sind hingegen in der Lage, sich selbst und Situationen realistisch einzuschätzen. Manchmal genügen wenige Sekunden für eine innere Bestandsaufnahme, etwa eine kurze Fahrt im Aufzug. Vor wichtigen Gesprächen und Situationen lohnt es sich, die eigenen Gedanken und Emotionen bewusst und differenziert wahrzunehmen. Dies ergibt die Möglichkeit, bewusster zu handeln und zu reagieren, mit Gefühlen und Impulsen gezielter umzugehen und sein Verhalten entsprechend zu steuern, anstatt gedankenlos über Situationen hinwegzugehen oder automatisch zu reagieren.

Emotionen kann man nicht einfach entgehen. Jeder kennt sie: Positive Emotionen (Stolz, Hoffnung, Freude etc.) empfinden wir als erleichternd, negative Gefühle (Ärger, Wut, Enttäuschung etc.) als belastend. Man kann die Emotionen nicht wie einen Lichtschalter abschalten. Eigenes Denken wirkt sich direkt auf unsere Stimmungen aus. Wenn sich unsere Gedanken wandeln, verändert sich auch unsere Stimmung.

Konsequente Menschen sind eingeladen, ihr sachlich-rationales Denken durch einen bewussten Umgang mit Gefühlen zu ergänzen und ein gesundes Gleichgewicht aus Vernunft und Emotion anzustreben. Voraussetzung ist, emotionale und rationale Intelligenz als gleichwertig zu verstehen.

> **Gedankenanstoss: Mut zu Abstrichen**
> Konsequente Personen profitieren noch mehr als andere vom „Pareto-Prinzip".[1] Dieses – auch 80-/20-Prinzip genannt – zielt auf ein Missverhältnis zwischen Anstrengung und Ergebnis ab:
> Es besagt, dass man mit 20 % Anstrengung 80 % des Ergebnisses erreichen kann. Es gilt dabei auch der Umkehrschluss: Es braucht 80 % der Zeit, um die restlichen 20 % des Ergebnisses zu erreichen. Im Klartext bedeutet dies: 100-%-Ansprüche brauchen extrem viel Zeit und Einsatz! Konsequente Menschen haben oft einen noch höheren inneren Anspruch: 110 % oder lieber noch etwas mehr. Diese Anspruchshaltung führt zur Unzufriedenheit, weil den eigenen Anforderungen kaum einmal Genüge geleistet werden kann. Das Pareto-Prinzip – richtig angewendet – wäre ein wertvoller Schlüssel zu einem besseren Zeitmanagement sowie mehr Effizienz und Effektivität. Fragen Sie sich als konsequente Person in Ihren Projekten immer wieder, wo allfällige Abstriche möglich wären, und wenden Sie das Prinzip regelmässig an. Sie werden sich bald über einen Gewinn an Zeit und Energie freuen.

## Literatur

Goleman D (1997) EQ. Emotionale Intelligenz, 2. Aufl. Deutscher Taschenbuch, München
Jenner P (2012) Mit Verstand und Herz. Ariston, München
Levy A, Mackenthun G (2002) Gestalten um Alfred Adler. Königshausen & Neumann, Würzburg

---

[1] Nach dem italienischen Wirtschaftswissenschaftler und Soziologen Vilfredo Pareto (1848–1923).

# Selbstmanagement: Entwicklungsperspektiven für Freundliche

**10**

> Wer sich selbst treu bleiben will, kann nicht immer anderen treu bleiben. (Christian Morgenstern)[1]

Vorab ein augenzwinkernder Hinweis: Ich erlebe es hin und wieder, dass Männer, die sich für die Grundrichtungen der Persönlichkeit interessieren, Texte zu den „Freundlichen" intuitiv ignorieren und weiterblättern … Liebe Männer, es ehrt Sie zwar, dass Sie bei „Freundlichen" an Frauen denken, doch in der Realität gibt es genauso viele freundliche Männer wie Frauen.

> **Aus der Praxis**
> Freundliche Menschen – und davon gibt es, wie gesagt, sowohl Frauen als auch Männer – sind rücksichtsvoll, zuvorkommend und hilfsbereit. Wenn auf der Arbeit jemand ausfällt oder besonders viel zu erledigen ist, kann man sich auf die Hilfe der freundlichen Kollegen verlassen. Meistens müssen diese nicht einmal danach gefragt werden: Freundliche haben ein ausgezeichnetes Gespür für Situationen, in denen sie ihre Hilfsbereitschaft unter Beweis stellen können. Wenn es sein muss, stecken sie dafür sogar ihre eigenen Bedürfnisse zurück oder lassen ihre Arbeit für einen Moment liegen. Sie

---

[1] Deutscher Schriftsteller (1871–1914).

> lieben das Gefühl, gebraucht zu werden, und streben nach Anerkennung und Aufmerksamkeit. Im Gegenzug vermeiden sie nach Möglichkeit Ablehnung und Kritik. Dank ihrem Einfühlungsvermögen und ihrer Sozialkompetenz verstehen es freundliche Personen ausgezeichnet, bei Spannung zwischen Parteien zu vermitteln. Freundliche Menschen glänzen durch Ideenvielfalt und sorgen für Fröhlichkeit und ein angenehmes Arbeitsklima. Sie sind kooperativ, stärken den Zusammenhalt und erweisen sich als ausgezeichnete Teamplayer. Sie vermitteln ihrem Gegenüber das Gefühl, ernst genommen zu werden.

In ihrer Hilfsbereitschaft verlieren freundliche Menschen hin und wieder den Blick für die persönlichen Wünsche und Bedürfnisse und geraten damit in Gefahr, die eigenen Kräfte zu erschöpfen. Um sich erfolgreich weiterzuentwickeln, sollten sich Freundliche deshalb immer wieder den Blick nach innen erlauben.

## 10.1 Erheben Sie Ihre Stimme!

„Ich schaue gut zu mir selbst". Diese Aussage steht nicht für Egoismus, im Gegenteil: Sie kann freundliche Menschen befreien und sie mit neuer Energie versorgen. Wahrscheinlich fällt es Ihnen schwer, diesen Satz mit Überzeugung auszusprechen. Denn immer dann, wenn Sie für sich selbst schauen, können Sie anderen ja keine Hilfe anbieten … Womöglich könnte man Ihnen das übelnehmen. Im schlimmsten Fall droht sogar Ablehnung, was Sie natürlich um jeden Preis vermeiden möchten. Lieber geben Sie nach, als Frieden und Harmonie zu gefährden.

Sie dürfen sich selbstverständlich weiterhin um Ihre Mitmenschen kümmern. Sorgen Sie nur mindestens ebenso gut für sich selbst. Dies bedeutet, dass Sie nicht nur Ihre persönlichen Wünsche anbringen dürfen, sondern auch Verbesserungsvorschläge, Kritik und Forderungen. Im Coaching-Gespräch mit Freundlichen bin ich bisweilen etwas provokativ und sage meinen Kunden, sie hätten ein Display auf der Stirn, auf dem der Satz „Mich darf man ausnützen" aufleuchte. Vielleicht monieren Sie jetzt, dass Sie schon in der Vergangenheit durchaus auf Ihre Bedürfnisse oder gar Nöte hingewiesen hätten. Das kann sein, aber als freundliche Person müssen Sie bestimmter und klarer sprechen als andere. Man ist von Ihnen Selbstlosigkeit und Hilfsbereitschaft gewohnt und unterschätzt darum schnell den Ernst Ihrer Lage. Als freundliche Person sollten Sie aktiv an Ihrer Durchsetzungskraft arbeiten. Am besten besprechen Sie dies mit dem Coach Ihrer Wahl, der Sie dabei unterstützt, klare Botschaften zu formulieren, diese selbstsicher zu kommunizieren und möglichen Reaktionen oder kritischen Antworten konstruktiv zu begegnen.

Wenn Freundliche ihre Durchsetzungskraft erhöhen, ohne dabei ihre Persönlichkeit zu verleugnen, eröffnen sich am Arbeitsplatz spannende Perspektiven:

- Sie kommunizieren ihren Mitarbeitenden klare Ziele.
- Sie meistern bisherige Horror-Szenarien wie Kündigungsgespräche, indem sie die Standpunkte der Unternehmung klar und überzeugend kommunizieren, ohne dabei ihre gewohnte Sozialkompetenz und ihr Einfühlvermögen vermissen zu lassen.
- Sie sind stolz auf erreichte und übertroffene Ziele. Selbstbewusst lassen sie es ihre Vorgesetzten wissen, wenn sie der Meinung sind, einen tollen Job geleistet zu haben. Das bisherige „Das war kaum der Rede wert" weicht einem überzeugten „Das habe ich gut gemacht".
- Sie fordern Leistung ein, auch wenn es dazu ein anspruchsvolles Gespräch oder gar einen Konflikt braucht. Statt wie früher notwendige Gespräche aufzuschieben und Aufgabenberge alleine aufzuarbeiten, kommunizieren sie nun ihre Bedürfnisse und Wünsche klar und deutlich.

Freundliche dürfen sich sicher sein, dass ihre Anerkennung keineswegs sinkt, wenn sie hin und wieder selbst etwas einfordern. Die Erfahrung zeigt: Menschen, welche die Eigenschaften freundlicher Personen als „so ist sie/er halt" angesehen haben, ziehen sich nicht zurück, sondern reagieren vielmehr mit Achtung und Verständnis, wenn freundliche Menschen beginnen, klar und offen zu kommunizieren.

Freundliche Menschen stellen ihr Licht häufig unter den Scheffel, was sie zuweilen unscheinbar wirken lässt. In Wirklichkeit aber ist dies eine Herabsetzung ihrer wertvollen Persönlichkeit. Freundliche sollten nicht nur lernen, besser auf sich selbst zu achten, sondern, sich dabei auch gut zu fühlen. Deshalb tun sie gut daran, das Wort „Selbst" in ihren Wortschatz aufzunehmen.

## 10.2 Selbstbild und Selbstbewusstsein

Sie kennen die Situation: Bei einer Passkontrolle hält der Zollbeamte Ihre Identitätskarte vor sein Auge und fixiert gleichzeitig aufmerksam Ihr Gesicht. Er überprüft anhand bestimmter Kriterien sorgfältig, ob die Person, die vor ihm steht, dieselbe wie auf dem Ausweis ist. So wie auf der Identitätskarte tragen wir auch in unserem Herzen ein Bild von uns selbst herum. Es beeinflusst ganz wesentlich, wie wir über uns denken und was wir dabei fühlen. Wie der Beamte bei der Passkontrolle sollten auch wir unser Selbstbild regelmässig überprüfen: Stimmt es noch mit der Realität überein oder müsste es längst ersetzt werden? Viele Menschen neigen dazu, ihr Selbstbild, das sie im Herzen tragen, auf jahrzehntealte und längst abgenutzte bzw. überholte Wahrheiten abzustützen. Dadurch entstehen zwangsläufig Verzerrungen oder Entstellungen. Manchmal sind es sogar faustdicke Lügen, die sich seit der Kindheit beharrlich halten konnten, welche unser Selbstbild bestimmen. Bei freundlichen Menschen können diese wie folgt lauten:

- Ich bin nur wertvoll, wenn ich anderen helfe.
- Andere benötigen mich, deshalb darf ich nicht an mich selbst denken.
- Besser Unrecht erleiden als Unrecht tun.
- Der Klügere gibt nach.
- Es geht nicht um mich, sondern um das Team.

Ein gesundes Selbstbewusstsein bedeutet nichts anderes, als sein Selbstbild regelmässig zu überprüfen, mit Altem aufzuräumen und sich selbst in einem realistischen Licht zu erkennen: mit Stärken und Schwächen, Möglichkeiten und Grenzen, sympathischen und schwierigen Seiten, schönen Facetten und Narben des Lebens.

## 10.3 Selbstwert

Manche Menschen beziehen ihren Selbstwert aus dem Vergleich mit anderen. Dabei können sie nur verlieren. Denn entweder vergleichen sie sich mit Personen, welche in ihren Augen besser, schöner, erfolgreicher, begabter oder beliebter sind, oder sie werten die Vergleichspersonen ab, indem sie deren Unzulänglichkeiten, Fehler und Schwächen betonen. Beide Vorgehensweisen dienen nicht dazu, den eigenen Selbstwert realistisch einzuschätzen und zu stärken. Deshalb rate ich meinen Kunden im Coaching-Gespräch immer entschieden davon ab, sich mit anderen zu vergleichen. Selbstwert bedeutet in sich nichts anderes als das, was das Wort uns sagt: Es ist der Wert, den wir uns selbst geben! Deshalb empfehle ich, fünf „Wahrheiten" über sich selbst zusammenzustellen und diese auf einer schön gestalteten Karte an den Spiegel oder auf die Innenseite des Kleiderschranks zu hängen. Auf dieser Karte könnte etwa stehen:

- Ich bin mutig und stelle mich den Herausforderungen des Lebens.
- Ich habe wichtige Aufgaben im Leben. Deshalb nehme ich mir genügend Zeit, um aufzutanken.

- Ich bin Mensch und auch mit Schwächen und Unzulänglichkeiten sympathisch.
- Ich bin lernfähig und deshalb lerne ich täglich dazu.
- Ich bin eine freundliche Person. Deshalb kann ich freundlich und bestimmt Nein sagen.

Übrigens: Lenken Sie Ihren Blick immer wieder auf das, was Ihnen gut gelungen ist. Freuen Sie sich an Ihren Erfolgen und lassen Sie Komplimente zu. Freundliche Menschen dürfen ihr Selbstbewusstsein stärken und den Fokus auf ihre Stärken legen. Benutzen Sie den Satz von Theo Schoenaker: „So wie ich bin, bin ich gut genug." (Schoenaker 1996, S. 149). Sie müssen nicht permanent helfen und eigene Bedürfnisse zurückstecken, um sich zu mögen. Verabschieden Sie sich von der Gewohnheit, rund um die Uhr für andere da zu sein und sich anzupassen. Es muss nicht alles auf Ihrem Tisch landen. Drücken Sie ein bestimmtes, freundliches „Nein!" aus – ohne Schuldgefühle. Kennen Sie Mobilés? Diese schwingenden Aufhänger mit hübschen, baumelnden, kleinen Gegenständen an übers Kreuz arrangierten Holz- oder Metallstäben? Soziale Einheiten wie Familie oder Beziehungen am Arbeitsplatz sind in ihrer Dynamik vergleichbar. Bewegt sich ein Mobiléhänger, müssen die andern automatisch mitschwingen und neue Plätze einnehmen. Sich mit arrangieren. Denken Sie daran, wenn Sie Ihr freundliches und bestimmtes „Nein" trainieren. Nicht alle werden sogleich von Ihrer Veränderung begeistert sein. Schliesslich müssen sie angenehme Privilegien hergeben – wurden sie doch von Ihnen selbst trainiert, sofortige Hilfe durch Ihre Unterstützung zu erfahren. Ihr neues Verhalten wird zu Beginn vielleicht mit Unverständnis und Irritation quittiert. Was für Sie bedeutet, dass Sie sich in guter und gesunder Kursrichtung befinden. Zeigen Sie Verständnis und Geduld für Ihr Umfeld, das neue Positionen einnehmen muss. Danach schwingt sich das Mobilé automatisch in die Ruheposition zurück.

## 10.4 Selbstbestimmung

Selbstbestimmung heisst, dass Sie fast immer die Wahl haben und dieses Privileg auch aktiv nutzen sollten. Statt reflexartig ja zu sagen, wenn Sie um etwas gebeten werden, dürfen Sie sich Ihre Antwort gut überlegen und Ihre Prioritäten frei setzen, wie Sie diese für gut befinden. Gewöhnen Sie sich an den Satz: „Ich werde darüber nachdenken und Bescheid geben." Dies ermöglicht Ihnen Reflexionszeit um Ihre Bedürfnisse und momentanen Möglichkeiten zu prüfen. In diesem Sinn bedeutet Selbstbestimmung auch, Verantwortung sich selbst gegenüber zu übernehmen. Menschen, die ihr Leben in die Hand nehmen und autonom über ihre Zeit verfügen, sind weniger erschöpft und brauchen sich weniger in frustrierten Rückzug zu flüchten.

> **Gedankenstoss: Checkliste für ermutigte Freundliche**
> Diese Checkliste können Sie sich entweder täglich von neuem zu Herzen nehmen oder Sie konzentrieren sich jeden Tag auf einen bestimmten Punkt:
>
> - **Bewusster leben:** Gehen Sie mit offenen Augen und Ohren durch das Leben und nehmen Sie bewusst war. Ihre alte Brille hat ausgedient. Sie sehen nun, was Wirklichkeit ist, und achten bewusst auf Ihre Stärken.
> - **Sich selbst annehmen:** Betrachten Sie sich für einen Augenblick in einem grossen Spiegel und sagen Sie im Brustton der Überzeugung: „Welche Fehler ich auch haben mag, ich akzeptiere mich voll und ganz!" Sie müssen nicht jede Facette Ihrer Persönlichkeit mögen, sondern deren Gesamtheit.
> - **Sich selbst behaupten:** Trauen Sie sich, freundlich und bestimmt „Nein!" zu sagen. Sie dürfen auch einmal als einzige Person in einem Raum eine andere Meinung vertreten oder Ihre Urlaubswünsche durchsetzen.
> - **Zielgerichtet leben:** Erforschen Sie, was Sie wirklich möchten und setzen Sie mutig Segel. Bestimmen Sie sich Ziele für diese Woche, dieses Jahr oder die nächsten fünf Jahre.

## Literatur

Schoenaker T (1996) Mut tut gut, 5. Aufl. RDI, Stuttgart

# Freiwilligkeit: Entwicklungsperspektiven für Gemütliche

**Aus der Praxis**
Gemütliche Menschen wirken in unserer Leistungs- und Tempogesellschaft manchmal etwas exotisch: Sie sind in der Lage, die Annehmlichkeiten des Lebens zu geniessen, und nehmen sich die Freiheit, hin und wieder abzuschalten und zu entspannen. So schätzen sie je nach persönlicher Neigung ein exklusives Essen in angenehmer Gesellschaft, ein anspruchsvolles Konzert oder eine ausgedehnte Reise ans Meer. Viele gemütliche Personen strahlen eine ansteckende Lebensfreude aus. Mit ihrer permanenten Sehnsucht nach Zeit und Selbstbestimmung geht der unbedingte Anspruch an Freiheit einher: Gemütliche legen Wert darauf, ihren privaten und beruflichen Alltag autonom bestimmen zu können, und lassen sich nicht gern einschränken. Aufgaben, Pflichten sowie Termindruck bilden für gemütliche Menschen oft unüberwindbar scheinende Hürden, denen sie am liebsten ausweichen würden. Manche gemütliche Personen reagieren mit Blockaden, körperlichen Beschwerden oder Verstimmung. Ziel dabei ist Luft und Abstand zu der misslichen Lage zu bekommen. Das Resultat dieser Bemühung ist jedoch meist ein noch grösserer Erwartungs- und Zeitdruck.

© Springer Fachmedien Wiesbaden GmbH, ein Teil von Springer Nature 2020
U. R. Bärtschi, *Ich bin mein eigener Coach*,
https://doi.org/10.1007/978-3-658-30498-0_11

**Das Dilemma der Gemütlichen** „Ja, aber ..." ist die beste Definition, um den inneren Konflikt eines bedrängten Gemütlichen zu beschreiben. Beinahe jede gemütliche Person weiss von Situationen aus der Kindheit, wo sie von andern in Situationen gebracht wurde, die sie sich gleichzeitig fähig und überfordert fühlen liessen. Das klassische Dilemma der Gemütlichen. Stellen Sie sich ein Mädchen von 10 Jahren vor, das aufgrund einer medizinischen Diagnose zur Physiotherapie gehen soll. Die Mutter ist berufstätig, der Vater ebenfalls und so kommen sie zum Schluss, dass ihr Mädchen doch eigentlich schon alt genug ist, um die Strecke mit den öffentlichen Verkehrsmitteln selbst zurücklegen zu können und auch den Termin beim Therapeuten doch bestimmt gut hinkriegen wird. Selbstverständlich wird das Kind das erste Mal begleitet, danach wird ihm der Alleingang zugetraut. Nicht, dass das Mädchen gänzlich an sich und seinen Fähigkeiten zweifeln würde, das nicht. Aber die Angst, die Aufgabe doch nicht schaffen zu können, schwingt unweigerlich mit. Es kommt zur „Ja, aber"-Situation und dem Bedürfnis, das Ganze doch abwenden zu können. Alfred Adler beschreibt dies als Bewegungsmuster des Ausweichens, das immer dann auftritt, wenn Drucksituationen bestehen, verbunden mit dem inneren Dilemma des „Ja, aber". Erwachsene Gemütliche suchen in eben solchen „Ja, aber"-Drucksituationen den Ausweg, die Verzögerung, das Abwenden. Der Chef verlangt die terminliche Einhaltung eines Auftrags, der in dieser Zeit – so die innere Bewertung des Gemütlichen, nicht richtig zu schaffen ist. Es kommt zum inneren Konflikt, dessen Kampf den Menschen nun beschäftigt, lähmt oder nach Auswegen suchen lässt. „Kann nicht jemand anderes einspringen?" In der zugespitzten Situation können auch unbewusst körperliche Beschwerden wie Kopfschmerzen, Schwindel etc. die gesuchte Entlastung bzw. das Abwenden bringen. „Ich will ja, aber ich kann leider jetzt nicht." Die Suche der gemütlichen Persönlichkeit nach Autonomie entspringt häufig dem unerkannten Wunsch, nicht von andern in Situationen der inneren Bedrängnis geführt zu werden. Durch die Unabhängigkeit lässt sich das Leben frei gestalten und einfach besser leben. Gelingt es dem Gemütlichen, genügend Zeit und Musse in sein Leben einzuplanen, umso leistungsfähiger und druckresistenter zeigt er sich in den Anforderungen des Lebens. In dem Wissen um die „Pausen", die da kommen, kann er stressige Phasen gut und ohne Ausweichbewegungen meistern.

Gemütliche Persönlichkeiten bringen viele Voraussetzungen mit, um mit den klassischen Stressgefahren des modernen Lebens produktiv umzugehen. Zusätzlich liegt im Umgang mit Zeit und Druck ein grosses Entwicklungspotenzial.

## 11.1 Zeit aufwerten

In der abendländischen Kultur war die „Musse" einst ein zentraler Teil des Lebens. Kontemplation und Ruhe besassen sowohl in der Philosophie als auch in der Theologie einen hohen Stellenwert. Man war sich bewusst, dass viele Ressourcen nur in der „Musse" entdeckt und ausgeschöpft werden konnten: Lebensfreude, Energie, Optimismus, Glaube, Liebe oder Kreativität. Heute ist die „Musse" vielerorts einem „Müssen" gewichen. Die Industriegesellschaft prägte den nachhaltigen Satz „Zeit ist Geld" und suggerierte damit, nur wer pausenlos produziere, sei wertvoll. Immer mehr Menschen sind nicht mehr bereit, die fatale Abwertung der „Musse" gegenüber der Produktivität zu akzeptieren. Die alte „Musse", wie sie bereits Aristoteles postuliert hatte, feiert in Form von „Meditationen", „Auszeiten", „Stiller Zeit" oder „Kontemplation" ein bemerkenswertes Comeback. Mehr als andere wissen gemütliche Frauen und Männer um den Wert der „Musse". Sie sind angehalten, sich diese Zeiten zu bewahren und der Gesellschaft aufzuzeigen, dass ein gesunder Rhythmus aus produktiver und ungefüllter Zeit gesünder und effektiver ist als Hyperaktivität um jeden Preis.

## 11.2 Sich Zeit zugestehen

Der konstruktive Umgang mit den eigenen Stärken und Möglichkeiten und die gezielte Weiterentwicklung beginnen beim gemütlichen Menschen mit dem bewussten „Ja" zu sich selbst. Gemütliche müssen sich eingestehen, dass sie mehr Zeit als andere brauchen und dass dies in Ordnung ist. Unsere Leistungsgesellschaft treibt Menschen immer wieder dazu an, über ihre Kraftverhältnisse zu leben. Während gewisse Persönlichkeiten mit Anforderungen, Tempo und Druck besser umgehen können, ist der Gemütliche in besonderer Weise gefordert, sich zu schützen und der rasch drohenden Erschöpfung vorzubeugen. Die sinnvolle Haltung lautet daher: „Ich brauche genügend Zeit, und ich nehme sie mir auch."

## 11.3 Zeit managen

Auch gemütliche Personen sind meist in ein berufliches und privates Netzwerk eingebunden und müssen sich entsprechend mit Ansprüchen und Erwartungen, die an sie gestellt werden, auseinandersetzen. Es ist wichtig, dass sie sich dieses Sachverhalts in einer positiven Grundhaltung annehmen und sich aktiv damit auseinandersetzen. Statt Druck und Ansprüchen auszuweichen, gilt es, diese erfolgreich zu managen. Wichtigste Grundhaltung ist die Idee der freiwilligen Übernahme von anstehenden Arbeiten. Was ist damit gemeint? Die innere Blockade, die dadurch ausgelöst wird, dass Gemütliche sich in Erwartungsdruck anderer sehen, kann gelöst werden. Mit einer Neubeurteilung der Muss-Situation. Aus Müssen – „Ich will" machen! Dieses Reframing gibt die Selbstbestimmung zurück. „Wenn ich jetzt diese unausweichliche Arbeit erledige, nicht abblocke und dadurch nur verschiebe oder verlängere, kann ich in drei Stunden mein Feierabendbier geniessen."

## 11.4 Zeit ausgewogen strukturieren

> Alles hat seine Zeit und jegliches Vornehmen unter dem Himmel seine Stunde. (Biblos 2004–2018)

Die meisten Menschen mit gemütlichen Anteilen begehen den Kardinalfehler, die Ruhe- und Entspannungszeiten an den Rand zu drängen. „Das Nichtstun pflege ich den Ferien, oder hin und wieder an einem Wochenende", ist eines der oft gehörten Statements. Ich frage dann meist nach, wie die Ferientage oder die „gemütlichen" Sonntage konkret aussehen, und bin nicht überrascht, dass selbst dann zahlreiche Aufgaben wie Hausarbeiten oder Rasenmähen auf dem Programm stehen und echte Entspannung verhindern. Wer im Rahmen eines sinnvollen Zeitmanagements seine Zeit strukturieren möchte, sollte deshalb von Anfang an darauf achten, dass er sowohl für die Pflichterfüllung als auch für die unverplante Musse genügend Zeit einrechnet. Wichtig ist, dass jeder Tag seine Inseln hat, über die frei und spontan verfügt werden kann. Viele Menschen profitieren davon, wenn sie sich ihre Zeitinseln einplanen. Wer als Gemütlicher morgens früh aufstehen muss und mit der S-Bahn zur Arbeit pendelt, hat bereits zum Beginn des Tages mehrere Hürden zu meistern: das warme Bett verlassen, den Fahrplan einhalten, sich in einem überfüllten Zug Menschen und Lärm aussetzen. Da kann ein herrlich duftender Cappuccino-Becher am Bahnhof als Belohnung Wunder bewirken: Allein die Vorfreude auf den sinnlichen Kaffeegenuss im Zug und das damit verbundene Durchatmen mit geschlossenen Augen kann die Lebensfreude wecken und den herausfordernden Morgen sympathisch machen. Gemütliche Personen sollten solche Inseln einbauen und pflegen und ihre verfügbare Tageszeit in abwechselnde Phasen der konzentrierten Arbeit und der genussvollen Musse gliedern.

## 11.5 Zeit nutzen und sparen

Wer den Moment bewusst erlebt, gewinnt Freiräume. Gemütliche Menschen, welche entdecken, dass nach Phasen der konzentrierten Arbeit, auch unter einem gesunden Erwartungsdruck, genügend Zeit für Musse, Genuss und Entspannung übrigbleibt, finden es leichter, Pflichten und Anforderungen zu akzeptieren und zu bewältigen.

## 11.6 Zeit geniessen

Sprichwörter wie „Müssiggang ist aller Laster Anfang" oder „Ohne Fleiss kein Preis" haben sich in vielen Köpfen eingenistet und bestimmten meist unbewusst das Denken und Handeln. Gemütliche Menschen wissen, dass sie ihre Lebens- und Schaffenskraft aus der Musse beziehen, und dürfen sich über die erwähnten Aussagen locker hinwegsetzen. Es ist deshalb wichtig, dass gemütliche Persönlichkeiten sich immer selbst Zeit schenken. Besonders befreiend erweisen sich dabei ungeplante Tage, die es in regelmässigen Abständen erlauben, ohne Pflichten und Hektik spontan „in den Tag hineinzuleben". Obwohl die meisten Menschen intuitiv spüren, was ihnen guttut, erlauben sich viele von ihnen nicht oder zu selten, danach zu leben. Wenn sie über längere Zeit gegen ihre Natur leben, führt dies nicht nur zu Erschöpfung und Frustration, sondern auch zu einem ungesunden Lebensstil. In solchen Fällen müssen Veränderungen behutsam angegangen und neue Verhaltensweisen sorgfältig erprobt und eingeübt werden. Bei gemütlichen Frauen und Männern stelle ich in Coaching-Gesprächen hin und wieder ganz einfache Fragen:

- Welches gemütliche Restaurant liegt in der Nähe Ihres Arbeitsplatzes?
- Was würden Sie am liebsten mit einem freien Abend anfangen?
- Womit könnte man einen Arbeitsplatz gemütlich einrichten?
- Welches ist Ihre Lieblingsmusik?
- Wo haben Sie das letzte Mal unbeschwert vor sich hingeträumt?

Das Ziel solcher und ähnlicher Fragen ist es, Menschen wieder bewusst zu machen, wo ihre individuellen Ruheorte liegen. Oft erinnern sich gemütliche Menschen sehr schnell an Momente und Orte, in denen sie sich entspannt und glücklich gefühlt haben. Oft haben sie sich diese Erlebnisse allerdings verboten oder abgewöhnt – manchmal auf vermeintlichen Druck von aussen. Der Schlüssel zu neuer

Energie und Lebensfreude liegt bei gemütlichen Menschen darin, dass sie ihre Ruheorte und Mussezeiten neu entdecken und geniessen.

> **Gedankenanstoss: Einstellung ändern**
> Zu viele Aufgaben, Pflichten und Termine haben für gemütliche Menschen immer einen negativen Beigeschmack. Sie setzen unter Druck, was das Gefühl von Enge auslöst und unmittelbar zum Wunsch nach Ausbruch aus der Situation führt. Im Wissen darum, dass ein Leben ohne äusseren Druck kaum möglich ist, sind Gemütliche dazu eingeladen, ihre persönliche Einstellung zu überdenken und zu verändern. Es empfiehlt sich, die Wortwahl im Selbstgespräch zu überdenken und von einer „reagierenden" zu einer „agierenden" Haltung zu kommen. So wird aus dem demotivierenden „Ich muss noch …" ein entschlossenes „Ich will …".

## Literatur

Biblos (2004–2018) Textbibel. Nach Kautzsch E, Weizsäcker CH 1911. http://text.bibeltext.com/ecclesiastes/3.htm. Zugegriffen am 15.06.2020

# Kombinationen aus den Grundrichtungen    12

Sie haben nun die vier Grundrichtungen der Persönlichkeit kennengelernt und sich beim Lesen der einen oder anderen Beschreibung selbst erkannt. Sie wissen, was eine geschäftige, eine konsequente, eine freundliche und eine gemütliche Persönlichkeit ausmacht und über welche Stärken, Kompetenzen und Möglichkeiten die einzelnen Typen verfügen. Zudem haben Sie einiges über Grenzen und Schwächen gelesen und können sich vielleicht besser vorstellen, weshalb es nicht immer so leicht gelingt, über den eigenen Schatten zu springen und sich den Umständen anzupassen. Zuletzt haben Sie auch erkannt, über welche Entwicklungsperspektiven die einzelnen Grundrichtungen verfügen. Alle haben das Potenzial, sich zu verändern sowie weiterzuentwickeln und ihre Denk- und Verhaltensmuster zu ergänzen.

## 12.1  Erstellen Sie eine Rangliste

Das Leben wird einfacher, wenn der Mensch sich selbst kennt und über eine gute und angemessene Selbsteinschätzung verfügt. Jeder Mensch besitzt von allen Grundrichtungen Anteile. Dabei kann jede der vier Grundrichtungen für einen Menschen die wichtigste bzw. die unwichtigste sein. Welche Grundrichtung steht bei Ihnen an welcher Stelle? Versuchen Sie eine erste Selbsteinschätzung. Vorsicht: Achten Sie darauf, kein Idealbild zu wählen. Denken Sie nicht an eine Persönlichkeit, die Sie aufgrund ihrer Grundrichtung besonders bewundern, sondern achten

Sie auf Ihre eigenen Handlungen. Welche Grundrichtung drängt sich bei Ihnen am häufigsten auf den ersten Platz? Welche muss sich hinten anstellen? Vielleicht teilen sich zwei Grundrichtungen einen Platz?

## 12.2 Mischformen – alle Kombinationen sind möglich

Die Rechnung, wie viele Mischformen es gibt, überlasse ich gerne den Mathematikern. Im Folgenden stelle ich Ihnen einige Konstellationen vor, die mit Sicherheit sehr häufig vorkommen.

**Zwei Grundrichtungen im Vordergrund** Bei einigen Menschen dominieren zwei Grundrichtungen, während die anderen beiden im Hintergrund stehen. Die dominanten Anteile stellen demzufolge den inneren Hauptdialog. Beispiel: der Freundliche und der Konsequente im gemeinsamen Dauerlauf: Der eine kann nicht nein sagen und lädt sich stets neue Aufgaben auf, der andere will „wenn schon, denn schon" alles perfekt erledigt haben. Stetes gegenseitiges Antreiben und Dauerbeschäftigung werden zum Alltag. Die untergeordneten Grundrichtungen und deren Ansprüche kommen zu kurz.

| | | | |
|---|---|---|---|
| | 5 Punkte | 5 Punkte | |
| 3 Punkte | | | |
| | | | 2 Punkte |
| Geschäftig | Konsequent | Freundlich | Gemütlich |

**Eine Grundrichtung an der Spitze** In dieser Konstellation ist die geschäftige Stimme das Zugpferd, hinter dem sich die anderen drei Grundrichtungen anstellen. Während sich der Konsequente und der Freundliche immerhin zu Wort melden können, kommt der Gemütliche in diesem Fall eindeutig zu kurz.

## 12.2 Mischformen – alle Kombinationen sind möglich

| | | | |
|---|---|---|---|
| 6 Punkte | | | |
| | 3 Punkte | 3 Punkte | |
| | | | 2 Punkte |
| Geschäftig | Konsequent | Freundlich | Gemütlich |

**Geklärte Hierarchien** Das folgende Beispiel steht für eine Person, bei der eine klare Hierarchie zwischen den einzelnen Grundrichtungen besteht. Im inneren Dialog gilt es genau hinzuhören, ob diese Gewichtung eingehalten wird und wie sich jede Grundrichtung arrangiert hat beziehungsweise sich verantwortlich zeichnet. Hat jede den Raum und die Zeit, welche ihr zusteht?

| | | | |
|---|---|---|---|
| | | | 6 Punkte |
| | | 5 Punkte | |
| | 4 Punkte | | |
| 3 Punkte | | | |
| Geschäftig | Konsequent | Freundlich | Gemütlich |

**Der „Vierer"** Ist vielseitig begabt – ein Alleskönner. Ihm stehen auf der einen Seite viele Möglichkeiten offen, auf der anderen Seite läuft er Gefahr, sich selbst zu überfordern oder zu verzetteln. Der innere Wettstreit aller Grundrichtungen kann ermüdend und lästig sein. Weshalb sich der „Vierer" oft mit Entscheidungen schwertut. Nur zu gut kennt diese Persönlichkeit alle vier in den Dialog verwickelten Grundrichtungen.

Nicht selten sind Betreffende der Meinung, zwar überall einsetzbar zu sein, doch nirgends herausragende Qualifikationen zu besitzen. Sie übersehen dabei, dass gerade diese Vielseitigkeit die eigentliche Stärke ausmacht.

| | | | | | | |
|---|---|---|---|---|---|---|
| 5 Punkte | | | 5 Punkte | | | |
| | | 4 Punkte | | | 4 Punkte | |
| | | | | | | |
| | | | | | | |
| Geschäftig | | Konsequent | Freundlich | | Gemütlich | |

**Beispiel zwei Grundrichtungen im Vordergrund**
Sarah Konsequent-Freundlich ist eine sympathische Frau Mitte Fünfzig. Zu Beginn des Coachings sitzt sie etwas verkrampft auf ihrem Stuhl, sie scheint sich nicht richtig wohl zu fühlen. „Schon komisch", schüttelt sie den Kopf, „eigentlich müsste ich jetzt mehr Zeit zur Verfügung haben". Sie arbeite nämlich nur noch Teilzeit, und auch ihr Engagement im Verein habe sie deutlich reduziert. Trotzdem fehle ihr die Zeit.

Sarah bezeichnet sich als gewissenhaft und zuverlässig, zudem sei sie hilfsbereit und herzlich. Meine Frage, ob in ihrer Brust womöglich zwei Seelen schlagen würden, lässt sie erleichtert aufschnaufen. Sie scheint sich verstanden zu fühlen. Sie führt aus, dass sie auf der einen Seite hohe Ansprüche an sich und an ihre Arbeit habe und auf der anderen Seite stets das Gefühl verspüre, anderen helfen zu müssen. Wenn Hilfe gebraucht werde, packe sie ungefragt zu, ohne Rücksicht auf den eigenen Terminplan und auf die eigenen Hobbies. Mit Stolz erzählt sie, dass sie schon in jungem Alter gelernt habe, Verantwortung zu übernehmen.

Ich frage Sarah, was sie denn mit den eigenen Bedürfnissen mache. Sie gibt zu, dass diese in solchen Momenten eben unwichtig seien. Darauf möchte ich von ihr wissen, wie viel Zeit sie im vergangenen Monat für ihre Hobbies verwendet habe. Sie muss nicht gross rechnen, es seien nur etwa zwei Stunden gewesen. Es sich einfach einmal bequem machen und in einem Buch lesen, das vermisse sie sehr.

Wenn die freundliche Persönlichkeit in Sarah mal wieder überstürzt zur Hilfe eilt, führt ihre konsequente Stimme genau Protokoll. In Sarahs inneren Dialogen verhält sich diese oft dominant. Entsprechend kann sich Sarah klar an die Situationen erinnern, in denen andere ihre Hilfsbereitschaft ausgenützt haben. Sie notiert sich sogar einige Namen.

Sarah Konsequent-Freundlich ist ein sogenannter Zweier-Typ. Dies bedeutet, dass sie sehr stark von zwei der vier Grundrichtungen geprägt ist. Sie besitzt selbstverständlich auch Anteile der Grundrichtungen „Geschäftig" und „Gemütlich", doch weit weniger als von den anderen beiden. Der Auszug aus dem Coaching zeigt auf, wie Sarah ihre beiden Ausprägungen „Konsequent" und „Freundlich" hin und wieder als konfliktreich empfindet: Einerseits möchte sie der freundlichen Stimme in sich selbst Gehör schenken und sich anderen gegenüber hilfsbereit und zuvorkommend verhalten, andrerseits protokolliert die Konsequente in ihr detailliert die Zeit, die sie sich stiehlt oder nicht zugesteht, und präsentiert ihr regelmässig die entsprechende Rechnung.

Lassen Sie mich an dieser Stelle etwas klarstellen: Das konkrete Beispiel deutet zwar einen Konflikt an, der sich in Sarahs Alltag immer wieder einmal zeigt. Dies bedeutet allerdings nicht, dass Menschen mit mehr als einer prägenden Grundrichtung mehr Probleme hätten als andere. Im Gegenteil: Anteile mehrerer Grundrichtungen können sich in wunderbarer Weise ergänzen und ausgleichen. So profitiert Sarah etwa davon, dass sie dank ihrer konsequenten Seite ihre Alltagsplanung so perfekt beherrscht, dass ihr meist genügend Raum zur Verfügung steht, um ihre Beziehungen zu pflegen.

**Aus der Praxis**
Sarah hat während des Coachings eine Entscheidung getroffen: In Zukunft möchte sie sich täglich Zeit für sich selbst nehmen: „Ab sofort reserviere ich mir die Stunde zwischen 13 und 14 Uhr – für mich alleine! Ich erlaube mir, bei Bitten und Wünschen, welche über Mittag an mich gerichtet werden, höflich, aber bestimmt ‚nein' oder ‚später' zu sagen. Meine Kolleginnen und Kollegen werden schön überrascht sein, wenn ich ihnen ab sofort nicht mehr automatisch jeden Wunsch von den Lippen ablesen werde."

## 12.3 Zweier-, Dreier- und Vierer-Typen

**Zweier:** Häufigen Zwist gibt es zwischen den geschäftigen und gemütlichen Anteilen mit gleicher Punktzahl. Sie stehen vor der grossen Herausforderung, ihren Vorwärtsdrang mit ihrem Anspruch an Musse zu vereinbaren. Während die eine Stimme unablässig Leistung und Ergebnisse einfordert, besteht die andere darauf, die schönen Seiten des Lebens zu geniessen und immer wieder innezuhalten, um aufzutanken. Im idealen Fall versteht es eine solche Persönlichkeit, die beiden Seiten in sich miteinander in Einklang zu bringen. Dieser innere Dialog könnte in einem Arrangement so aussehen: „Also gut – arbeiten wir 6 Stunden mit voller Konzentration und dann gibt es eine garantierte Erholungspause mit einem kleinen Imbiss." Oder es wird ausgehandelt, dass Geschäftsabschlüsse anlässlich eines ausgedehnten Essens mit einer guten Flasche Wein belohnt werden.

Kollidieren die beiden Grundrichtungen und stehen sie im Dauerkonflikt, kommt der gemütliche Anteil meist zu kurz.

Auch Menschen mit den aktiven Grundrichtungen „Geschäftig" und „Konsequent" stehen vor spannenden Interessenskonflikten, die zu lösen sind. Als Konsequente achten sie darauf, eine Sache „wenn, dann richtig" zu machen, als Geschäftige verschärfen sie zusätzlich das Tempo und sorgen dafür, dass Ansprüche und Arbeiten nicht nur perfekt, sondern auch noch schnell erledigt werden. Unsere Gesellschaft nimmt solche Personen häufig als Leistungsträger wahr, die auf den ersten Blick mehr leisten als andere und sich in Gesellschaft, Politik und Wirtschaft für Führungspositionen eignen. Viel ruhiger als solche Menschen wirken Personen mit den beiden dominierenden Grundrichtungen „Konsequent" und „Freundlich". Mit Sarah sind wir einer solchen Person bereits eingangs des Kapitels begegnet. Häufig in typischen Dienstleistungsberufen tätig, sind solche Frauen und Männer prädestiniert dafür, Mitarbeitenden oder Familienmitgliedern Wünsche von den Augen abzulesen und diese proaktiv sowie detailgetreu zu erfüllen. Hat eine konsequent-freundliche Person beispielsweise die Funktion einer Assistentin oder eines Abteilungsleiters inne, kann sie im Betrieb zu einer beliebten Schlüsselfigur werden, die zu erledigende Aufgaben nicht nur eigeninitiativ erfasst und übernimmt, sondern dabei auch eine zuverlässige und perfekte Ausführung garantiert. Konsequent-freundliche Menschen sind zudem häufig in pädagogischen oder sozialen Arbeitsfeldern zu finden, wo sie ihre herausragende Fähigkeit, liebevoll mit Menschen umzugehen, optimal zur Geltung bringen können.

Die Beispiele für sogenannte „Zweier-Typen", Menschen, welche von zwei starken Grundrichtungen geprägt werden, liessen sich beliebig fortsetzen. Wer erinnert sich etwa an seine freundlich-gemütliche Grossmutter, welche so herrlich Geschichten erzählen oder Plätzchen backen und dabei eine wohlige Stimmung verbreiten konnte, in welcher man die Zeit vergessen und einfach träumen durfte? Oder an den gemütlich-konsequenten Grossvater, der sich alle Zeit der Welt nahm, mit seinem Enkel zusammen das Fahrrad zu reparieren und sich dabei mit Sorgfalt und Liebe jedem einzelnen Schräubchen widmete?

**Dreier:** Manche Menschen werden nicht nur von einer oder zwei, sondern von drei Grundrichtungen bestimmt. Stellen Sie sich etwa einen Dreier-Typen vor, welcher gleichzeitig auf seine geschäftigen, seine konsequenten und seine freundlichen Anteile Rücksicht nehmen muss. Eine solche Person hat mehr Ansprüche als andere unter einen Hut zu bringen. Als Geschäftiger treibt er sich eigendynamisch zu pausenlosen Höchstleistungen an, als Freundlicher versucht er zusätzlich, nicht nur seine eigenen, sondern auch die Erwartungen der Menschen in seiner Umgebung zu erfüllen, und als Konsequenter achtet er darauf, dass er dies alles perfekt und stets zuverlässig erledigt. Um nicht frühzeitig auszubrennen, muss eine geschäftig-konsequent-freundliche Person zwingend Entspannungs- und Rückzugszeiten im Alltag einbauen und auf einen gesunden Lebensstil achten.

### Andreas Vierer-Typ

Die persönliche Energiebilanz führt Andreas Vierer in das Coaching-Gespräch. Seine Kinder seien nun Teenager, da reichten ein bisschen Spielen oder eine kurze Geschichte am Abend nicht mehr aus. Abende, an denen er mit seinen Kindern stundenlange Diskussionen führe, würden deutlich häufiger. Die Folgen lägen auf der Hand: Es sei ihm auf einmal alles zu viel. Mit der Arbeit werde er nicht mehr fertig, einige Pendenzen schiebe er schon ganz lange vor sich her. Auch für viele private Dinge finde er kaum mehr Zeit. Dabei müsse im Sommer ja der Rasen regelmässig gemäht werden, und auf dem Schreibtisch würden sich einige unerledigte Büroarbeiten stapeln.

Andreas erkennt sich in allen vier Grundrichtungen wieder. Ich frage ihn, ob ihm eine besonders wichtig sei. Er meint, dass ihm der Vorwärtsdrang und die Kreativität der geschäftigen Persönlichkeit sehr sympathisch seien. Wobei er auch die gemütliche Stimme in sich gerne zu Wort kommen lasse: Als Teenager sei er oft mit dem Boot auf dem Fluss gewesen und habe sich bei Sonnenuntergang am liebsten einfach treiben lassen. Seine Bekannten würden Andreas nicht richtig einschätzen können und ihm hin und wieder raten, doch endlich Profil zu zeigen. Andreas hingegen schätze es, eine Sache von A bis Z durchziehen zu können: Während andere stets auf Inputs anderer Persönlichkeiten angewiesen seien, könne er sich als Vierer-Typ selbst perfekt ergänzen.

Dennoch habe er mit einigen Schwierigkeiten zu kämpfen: Erst kürzlich habe er sich einen Lebenstraum erfüllt und sich ein Klavier von Steinway gekauft. Meist finde er nur sonntags Zeit, sich ans Klavier zu setzen, diese Momente würden ihn jedoch stets beflügeln. Unter der Woche hindere ihn die geschäftige Stimme am Spielen: lieber noch eine weitere Idee durchdenken, ein Startup begleiten oder etwas ganz Neues beginnen! Dann melde sich sofort der Konsequente zu Wort: Bevor Neues angepackt wird, sollten alte Projekte optimal zu Ende gebracht werden. Das widerstrebe allerdings dem Denken des Geschäftigen: „Wenn die brandneue Idee nicht sofort verfolgt wird, kommt jemand anderes darauf." Irgendwann steige dann auch der

Freundliche in die Diskussion ein: Man solle bitte auch an die Familie denken. Andreas wäre kein Vierer-Typ, wenn sich nicht auch noch die gemütliche Stimme einmischen würde: Sie plädiere jeweils für eine Pause, beispielsweise, um Klavier zu spielen. Dies diene der Entspannung und ermögliche es ihm, Zeit mit sich alleine zu verbringen. Was wiederum neue Energie freisetze.

Die inneren Dialoge der Vierer-Typen erlebt Andreas als ausserordentlich anstrengend! Er erzählt, dass er viele gute Kundenbeziehungen unterhalte. Er nehme sich gerne Zeit für einen Kunden, indem er ihn vor Ort besuche. Auf der Autofahrt entwickle er viele Ideen oder erledige dringende Telefonate. So weit so gut, aber im fehle die Zeit für sich selber. Selbst am Wochenende gehe er nur noch Verpflichtungen nach. „Ich muss mein Leben neu sortieren", meint er nachdenklich. Es habe sich viel Ballast angesammelt, den er nun über Bord werfen wolle. „Ich muss radikal entrümpeln! Und mir selbst mehr Zeit eingestehen!"

Wer gleich von allen vier Grundrichtungen geprägt wird, zeichnet sich häufig durch eine hohe Sensibilität, ein anspruchsvolles Gefühlsleben, eine vielfältige, kreative Gedankenwelt sowie Zuverlässigkeit aus. Was sich einerseits als bereichernd für sich und seine Mitmenschen auswirkt, bedeutet allerdings auch hohe Intensität und immer wieder konstruktive innere Dialoge, um im Alltag sinnvolle und gangbare Wege zu finden.

**Aus der Praxis**
Andreas zieht aus seinem anstrengenden Lebensstil als Vierer-Typ Konsequenzen: Er will in Zukunft seine Autofahrten so planen, dass ein Zwischenhalt an einem schönen See möglich ist. Seine Mittagspausen möchte er nicht mehr am Arbeitsplatz verbringen, sondern bei einem ausgedehnten Spaziergang.

# Der innere Dialog: Debatten und Gespräche mit sich selbst

13

> Wir machen unsere Erfahrungen; wir sehen nur das, was in unser Schema passt und provozieren häufig Ereignisse, nur um zu beweisen, dass unsere Vorstellungen berechtigt sind. (Dreikurs und Blumenthal 1992, S. 221)

Im vergangenen Kapitel haben Sie einige Zweier-, Dreier- und Vierertypen kennengelernt und dabei entdeckt, dass jede Kombination aus den verschiedenen Grundrichtungen ihre eigenen Facetten hat: Stärken, Potenziale, Herausforderungen und Schwächen. Dabei haben Sie von inneren Stimmen gelesen, welche die Ansprüche der einzelnen Grundrichtungen repräsentieren. Selbstverständlich gehören die Stimmen Ihnen selbst, und was sie von sich geben, sind all die Dinge, welche Sie im Verlauf des Tages im Selbstgespräch äussern. Selbstgesprächen sowie inneren Dialogen, Diskursen und Streitgesprächen auf die Spur zu kommen, kann eine der grossartigsten Erfahrungen der Selbstreflexion sein. Wer lernt, sich selbst differenziert wahrzunehmen und sich aufmerksam zuzuhören, legt das Fundament zur erfolgreichen Veränderung.

## 13.1 Die innere Bühne

Stellen Sie sich Ihr Innenleben als eine Theaterbühne vor, auf welcher sich vier Darsteller wechselweise alleine oder in verschiedenen Zusammensetzungen präsentieren: eine geschäftige, eine konsequente, eine freundliche und eine gemütliche

Person. Die vier Protagonisten entwickeln eine hohe Eigendynamik und treten manchmal voraussehbar, bisweilen aber völlig überraschend auf. Sie machen sich durch leise oder laute Statements bemerkbar, treten hin und wieder in einen Konflikt mit den anderen und können dabei intensive und anstrengende Diskussionen anzetteln. Ob regelmässig und den eigenen Anteilen der Grundrichtung entsprechend alle vier Darsteller zu Auftritten kommen, hängt ganz von Ihrem persönlichen Lebensskript ab. Wenn Sie sich die eingangs dargestellte Lehre der Individualpsychologie Alfred Adlers nochmals vor Augen halten, werden Sie sich erinnern, dass Sie bereits in der frühen Kindheit begonnen haben, Ihrem Leben einen roten Faden zu geben und allmählich Ihren individuellen Lebensstil zu entwickeln. Dazu gehört auch die unbewusste Entscheidung, welche Darsteller häufig auf Ihrer inneren Theaterbühne auftreten dürfen bzw. welche Darsteller Sie als hilfreich in der Bewältigung von Herausforderungen erlebt haben.

> Es kommt nicht darauf an, was einer mitbringt, sondern darauf, was er daraus macht. (Ansbacher und Ansbacher 1995, S. 178)

Um sich selber besser zu verstehen und die persönlichen Potenziale gewinnbringender nutzen zu können, lohnt es sich, das alltägliche Theater auf der inneren Bühne genauer zu betrachten. Eine Reihe von Fragen, die ich Ihnen in diesem Kapitel stelle, soll Ihnen dabei helfen, die wiederkehrenden Szenen und Abläufe auf der Bühne differenzierter wahrzunehmen und zu reflektieren. Ziel ist es, allmählich die Regie zu gewinnen und die Führung über die lebhaften Darsteller zu übernehmen.

**Frage 1: Wer nimmt am meisten Raum ein?**

## 13.2 Hauptdarsteller

Sie wissen ja: In jedem Theater und in jedem Film spielen Hauptdarsteller, Nebendarsteller sowie Statisten mit. Um entscheiden zu können, wer auf Ihrer inneren Bühne die Hauptrolle spielt, müssen Sie die vier verschiedenen Charaktere zunächst unter die Lupe nehmen:

Wenn sich der Geschäftige in Ihnen zu Wort meldet, vertritt er gewöhnlich folgende Anliegen und Wünsche:

- Abwechslung und Veränderung,
- neue Erfahrungen,
- Abenteuer,

## 13.2 Hauptdarsteller

- Tempo,
- Bewegung und Dynamik,
- Herausforderung,
- Erfolg,
- Sieg und Spitzenposition,
- Überlegenheit,
- Ausdauer und Beharrlichkeit,
- Unabhängigkeit,
- Bedeutung und Status.

Zudem ermahnt Sie der Geschäftige, Stillstand zu vermeiden und permanent aktiv zu sein.

Der Konsequente in Ihnen setzt die folgenden Prioritäten:

- Sicherheit und Kontrolle,
- Vorsicht,
- Stabilität,
- Zuverlässigkeit,
- Planung und Organisation,
- Fachwissen und Kompetenz,
- Detailtreue,
- Geradlinigkeit,
- Sparsamkeit,
- Pragmatismus,
- Perfektion.

Er hält Sie dazu an, Überraschungen nach Möglichkeit zu vermeiden und sich treu an Ihren detaillierten Lebensplan zu halten.

Tritt der Freundliche auf Ihre innere Bühne, so meldet er meist folgende Ansprüche an:

- Beziehungspflege,
- Feinfühligkeit und Empathie,
- Offenheit,
- Hilfsbereitschaft,
- Altruismus,
- Diplomatie,
- Herzlichkeit und Wärme,
- Fröhlichkeit,

- Begegnung, Gespräch und Austausch,
- Geduld,
- Zuwendung,
- Anerkennung.

Der Freundliche in Ihnen hat Angst vor Ablehnung und wird Sie stets dazu auffordern, alles für Zuwendung und Anerkennung zu geben.

Erhält der Gemütliche Raum, so tritt er gewöhnlich als leidenschaftlicher Anwalt folgender Bedürfnisse auf:

- Zeit und Freiraum,
- Unabhängigkeit/Autonomie,
- Ästhetik,
- Genuss,
- Musse und Selbstvergessenheit,
- Entspannung und innerer Ausgleich,
- Leichtfüssigkeit,
- Lebensfreude,
- Glück und Zufriedenheit,
- Auswahl und Optionen.

Druck und Erwartungen von aussen lehnt der Gemütliche reflexartig ab.

Wenn Sie sich die Zeit nehmen, die Prioritäten aller vier Grundrichtung nochmals aufmerksam zu studieren und sich ankreuzen, welche inneren Ansprüche Ihnen besonders bekannt vorkommen, sind Sie der Antwort auf die erste Frage bereits auf die Spur. Ahnen Sie, welcher der vier potenziellen Hauptdarsteller auf Ihrer inneren Theaterbühne besonders viel Raum einnimmt?

Sie können das Ergebnis der Übung veranschaulichen, indem Sie in einem leeren Kreis die „Kuchenstücke" einzeichnen, die jede der vier Grundrichtungen Ihrer Meinung nach in etwa beansprucht. Machen Sie es sich zur Gewohnheit, diese Übung in herausfordernden Situationen zu wiederholen, und beobachten Sie dabei die Entwicklung der Besitzverhältnisse: Bleibt die Verteilung der Kuchenstücke konstant oder verändert sich von Situation zu Situation, von Zeit zu Zeit etwas?

**Frage 2: Wer wählt welche Rhetorik?**
Die vier Darsteller auf Ihrer inneren Bühne sind eigenständige Charaktere und verfügen alle über ihr ganz individuelles Auftreten. Manche von ihnen bedienen sich einer lauten, rauen Stimme, andere artikulieren sich sanfter, leiser. Während die einen zurückhaltend Fragen stellen, machen die anderen klare Aussagen oder

## 13.2 Hauptdarsteller

äussern sich gar im harschen Befehlston. Genauso unterschiedlich wie Tonalität und Lautstärke zeigt sich häufig auch der Wortschatz: Ausdrücke wie „Ich muss…", „Jetzt aber schnell!" zeigen rasch die Grundrichtung auf. Um herauszufinden, welche der vier Grundrichtungen sich im inneren Theater als Hauptdarsteller versteht und sich damit dominanter als andere verhält, empfiehlt sich folgende Übung:

Verfolgen Sie während eines beliebigen Tages ganz bewusst Ihre inneren Dialoge. Hören Sie ganz genau hin und schreiben Sie, wenn Sie Gelegenheit haben, jeden einzelnen Satz auf, den Sie aus Ihrem Inneren hören. Konkret gemeint sind damit all jene spontanen und manchmal unbewusst formulierten Aussagen, welche Sie an sich selbst richten: als Appell, Lob, Tadel oder einfache Bemerkung. Einige Beispiele (Die Antworten finden Sie am Ende des Kapitels):

1. „Ich weiss diese Antwort."
2. „Jetzt einfach beharrlich dranbleiben!"
3. „Reiss dich zusammen und bringe die Sache zu Ende!"
4. „Ich sollte sie wieder einmal anrufen."
5. „Jetzt wäre es schön, frei zu haben."
6. „Einen Fehler entdeckt!"
7. „Ich mache das noch schnell."
8. „Was denkt er jetzt bloss über mich?"
9. „Das macht Spass!"
10. „Ich gewinne dieses Spiel."
11. „Nimm es locker."
12. „Nicht schon wieder dasselbe!"
13. „Herrlich, so ein gutes Stück Fleisch!"
14. „Ich mache es zu 100 % oder gar nicht!"
15. „Ich will ihn nicht enttäuschen."
16. „Das wird der neue Trend."
17. „Sie braucht meine Hilfe."
18. „Bist du dir sicher?"
19. „Schluss jetzt!"
20. „Bin ich schuld?"
21. „Ich bin sowieso besser!"
22. „Überwinde dich!"
23. „So, jetzt ein Kaffee!"
24. „Ich helfe dir!"

Wichtig ist, dass Sie ganz genau hinhören. Sie kennen die Situation: In einer unruhigen Umgebung muss man das Radiogerät manchmal etwas lauter stellen, um den Nachrichtensprecher zu verstehen. Genauso verhält es sich mit dem Spiel auf der inneren Bühne. Wenn Sie die einzelnen Auftritte und Stimmen nicht verpassen möchten, müssen Sie besonders gut auf die unauffälligen Darsteller achten, jene, die im Trubel schnell einmal in den Hintergrund gedrängt werden. Wenn Sie Ihre eigene Liste erstellt haben, versuchen Sie, hinter jede Aussage den Namen des Sprechers zu setzen (GS für den Geschäftigen, K für den Konsequenten, F für den Freundlichen und GM für den Gemütlichen). Manches können Sie dabei nur vermuten, nicht beweisen. Je häufiger Sie die Übung allerdings wiederholen, desto sicherer werden Sie in der Einschätzung. Die Übung hilft Ihnen herauszufinden, wer sich im Tagesverlauf wie häufig meldet und welche rhetorischen Mittel (Lautstärke, Form, Wortschatz) er dazu verwendet. Sie kommen damit Ihren inneren Antreibern, Verhinderern und Ermutigern auf die Spur.

**Frage 3: Wer ist der beste Theatraliker?**
Eine erweiterte Übung für Menschen, welche die inneren Hauptdarsteller noch näher kennenlernen möchten, bezieht sich auf Gestik und Mimik der Protagonisten. Ziehen Sie beim Entdecken und Protokollieren der inneren Stimmen bei der vorgängig beschriebenen Übung einfach nebst der Rhetorik auch die Theatralik ein. Zwei Beispiele dazu:

- Möglicherweise können Sie beobachten, was die Aussage „Jetzt wäre es schön, frei zu haben", bei der Gemütlichen in Ihnen macht, die Augen schliessen, den Kopf anheben und kräftig durchatmen.
- Beim Tadel „Selber schuld!" kommt vielleicht plötzlich Ihr Zeigefinger ins Spiel. Tippt er dabei an Ihre Stirn oder fuchtelt er gar drohend herum?

Vielleicht finden Sie Spass daran, das Namenskürzel hinter der Aussage, die Sie notiert haben, durch eine kleine Zeichnung oder ein Symbol zur Theatralik zu ergänzen. Es kann Ihnen dabei helfen, noch sensibler und differenzierter wahrzunehmen und mit den Darstellern auf der inneren Theaterbühne vertraut zu werden.

**Frage 4: Wer spielt welche Rolle?**
Im Theater werden Rollen gespielt. Je nach Drehbuch kommen Räuber und Polizisten, Clowns, Verführer, Arme und Reiche, Berufsleute oder Kinder zum Zug. Auch die Schauspieler auf Ihrer inneren Bühne nehmen bestimmte Rollen ein und spielen diese oft eindrücklich perfekt. Einige Beispiele:

- Sie hören die Aufmunterung „Komm, mach es einfach!" und identifizieren als Urheberin die geschäftige Stimme in Ihrer Theaterbesetzung. Die Stimme

## 13.2 Hauptdarsteller

klingt eindringlich und wird in der Gestik durch eine kräftige Handbewegung unterstützt. Welche Rolle beschreibt sie in der dargestellten Situation aus Ihrer Sicht am besten? Der ehrgeizige Trainer, der Ermutiger, die wagemutige Fallschirmspringerin, der unberechenbare Motorradfahrer, die sorglose Studentin, der freche Fahrradfahrer oder der dominante Vorgesetzte?

- Welche Rolle nimmt Ihr freundlicher Anteil am ehesten ein: diejenige der lieben Oma, des freundlichen Lehrers, des lachenden Clowns, der fürsorglichen Krankenschwester, des emotionalen Sportreporters, des verständnisvollen Verkäufers oder der sich aufopfernden Mutter Theresa?
- Welche Rolle beschreibt Ihren konsequenten Anteil: der gewissenhafte Lehrer, die gerechte Richterin, der zuverlässige Ingenieur, der exakte Tramfahrer, die konsequente Hundetrainerin, die gewissenhafte Sportlerin, der rücksichtnehmende Autofahrer, die vorsichtige Fussgängerin oder der fürsorgliche Elternteil?
- In welcher Person tritt der Gemütliche auf? Als geduldiger Uhrmacher, als stilsichere Designerin, als zufriedener Unternehmer, als genussvolle Köchin, als geselliger Unterhalter oder als geduldige Nachbarin?

Vielleicht spielen auf Ihrer inneren Bühne noch ganz andere Akteure wichtige Rollen: der Rebell, die Kämpferin, der Kapitän, die Streberin, die Dirigentin, der Ästhet, die Langstreckenläuferin, der barmherzige Samariter usw. Tragen Sie die Rollen zusammen, die Sie gewählt haben. Welche beschreiben Sie am treffendsten?

_____
_____
_____
_____
_____
_____

**Frage 5: Welche Grundrichtung lassen Sie gewähren?**
Haben Sie vielleicht einen Lieblingsakteur? Nehmen Sie nochmals die Liste aus der Übung zu Frage 2 oder starten Sie die Rollenübung gleich nochmals. Dann beobachten Sie bei jeder Wortmeldung zusätzlich, wie Sie spontan darauf reagieren:

- Bei wem reagieren Sie mit Zustimmung, vielleicht mit spontanem Kopfnicken oder einem begeisterten „Ja"?
- Wo zögern Sie und wissen nicht recht, wie Sie sich verhalten sollen?

- Wo reagieren Sie intuitiv mit Ablehnung?
- Wo fühlen Sie ein beklemmendes oder ungutes Gefühl? Warum?
- Welche Stimmen ignorieren Sie?
- Wem geben Sie eine Antwort bzw. mit wem streiten Sie?

Geben Ihnen die Antworten einen Hinweis darauf, welchem Darsteller Sie sich näher verbunden fühlen und zu wem Sie eher auf Distanz gehen?

**Frage 6: Wie interagieren Ihre Schauspieler?**
Das Zusammenspiel ambitionierter Persönlichkeiten, welche auf kreative und beharrliche Weise ihre Ziele verfolgen, kann bisweilen anspruchsvoll sein. Vier Akteure auf einer gemeinsamen Bühne können harmonieren oder Konflikte austragen, sich gegenseitig verstärken oder neutralisieren. Im Wesentlichen sind zwei Fragen besonders spannend:

1. Wer verbündet sich gewöhnlich mit wem?

Stellen Sie sich folgende Situation vor: Sie sitzen gemütlich im Zug und dösen vor sich hin. Auf einmal realisieren Sie, dass Sie vergessen haben, ein Ticket zu lösen. Die Gedanken schiessen wild durch den Kopf, und Sie beginnen zu schwitzen. Bevor Sie sich entscheiden, was Sie tun, nehmen Sie sich ganz kurz Zeit und analysieren den inneren Wortwechsel, den Sie soeben wahrgenommen haben:

„Wenn das der Schaffner merkt, dann fühle ich mich schrecklich schuldig und ich muss mich erklären!", lautete das erste Statement, und Sie sind sicher, den Freundlichen gehört zu haben.

„Der kommt kein zweites Mal vorbei" meldet sich darauf eine schlaftrunkene Stimme, und Sie erkennen den Gemütlichen auf der inneren Bühne, der ungestört weiterdösen möchte.

„Ich werde den Schaffner sofort ansprechen", so der Konsequente. Der Freundliche quittiert dies mit Erleichterung.

Was ist geschehen? Offensichtlich hat die letzte Stimme den Ausschlag gegeben, weil sie etwas verstärken konnte, was latent schon vorhanden war: das Bedürfnis, dem Schaffner eine Mitteilung zu machen. Der Konsequente hat quasi das Terrain vorbereitet und eine Lösung vorgeschlagen, die der Freundliche annehmen konnte. Das Ziel der beiden war erreicht. Die beiden haben sich erfolgreich verbündet und gemeinsame Sache gemacht, während sich der Geschäftige aus der Geschichte heraushielt und der Gemütliche mit seinem Argument allein auf weiter Flur stand.

Kennen Sie vergleichbare Situationen? Vielleicht finden Sie durch sorgfältiges Wahrnehmen heraus, welche Protagonisten sich in Ihrem beruflichen und privaten Alltag immer wieder erfolgreich zusammenschliessen, um ihre Ziele zu erreichen.

2. Wer bekämpft wen?

Die Frage nach den inneren Konflikten ist eine der wesentlichen, wenn es um gezielte Selbstreflexion geht. Welcher Akteur trägt mit wem Meinungsverschiedenheiten aus, wer blockiert wen und zwischen welchen Darstellern werden besonders intensive Debatten geführt? Auf den letzten Seiten haben wir dazu bereits einige typische Ausgangslagen kennengelernt: etwa bei Sarah Konsequent-Freundlich, wo sich der Konsequente immer wieder auflehnt, wenn der Freundliche zu viel Raum erhält, oder beim Geschäftig-gemütlichen, der sein Leben so einrichten muss, dass beide Grundrichtungen befriedigt werden können.

Auch hierzu ein konkretes Beispiel zur Veranschaulichung: Es ist Mittwochabend, kurz vor fünf, Sie sitzen in Ihrem Büro und freuen sich auf den Feierabend. Vor dem geplanten Kinoabend möchten Sie sich noch mit einer guten Freundin zu einem Aperitif treffen. Während Sie die Datei, die Sie gerade bearbeitet haben, schliessen, und sich überlegen, in welchem Gartencafé Sie sich verabreden möchten, ruft unerwartet Ihr Vorgesetzter an und kommt ohne Begrüssungsformel gleich zur Sache: „Verfassen Sie bitte umgehend einen Beschwerdebrief an unseren Lieferanten. Wir sind mit der Qualität der letzten Sendung nicht einverstanden und verlangen, dass der komplette Inhalt zurückgenommen und ersetzt wird. Der Brief muss heute eingeschrieben per Post versandt werden!"

In dieser Ausgangslage treten umgehend einige Ihrer bekannten Hauptdarsteller auf die innere Bühne und beginnen den Fall ausgiebig zu diskutieren:

„Kommt nicht in Frage!", meldet sich der erste, und fährt fort: „Er kann dir doch jetzt nicht deinen verdienten Feierabend vermiesen."

„Er ist dein Vorgesetzter, und laut Stellenbeschrieb hast du seinen Anweisungen Folge zu leisten", lautet die direkte Antwort.

„Ich habe heute genug gearbeitet, jetzt habe ich das Recht auf Freizeit" insistiert die erste Stimme.

„Es ist wichtig, dass der Brief heute noch geschrieben und versandt wird, damit die Sache Anfang nächster Woche gleich erledigt werden kann", mahnt die zweite Stimme.

Sie haben bestimmt erkannt, dass sich hier der Gemütliche und der Konsequente in die Haare geraten. Während der eine zur Pflichterfüllung mahnt, pocht der andere auf sein Recht auf Freizeit. Es ist nicht anzunehmen, dass sich die beiden einig werden, und so steht bereits die nächste zentrale Frage im Raum:

**Frage 7: Wer setzt sich im üblichen Fall durch?**
Haben Sie sich schon einmal gefragt, auf welcher Grundlage Sie im Normalfall Ihre Entscheidungen treffen? Gehören Sie zu den Menschen, welche Argumente sorgfältig abwägen und sich Zeit für Entscheidungen nehmen? Oder handeln Sie eher spontan und impulsiv? Das Bild von der inneren Theaterbühne und den vier Protagonisten kann Ihnen helfen, sich in diesem Bereich selbst zu reflektieren und in einem weiteren Schritt gegebenenfalls Korrekturen anzubringen. Solche könnten dann sinnvoll sein, wenn Sie zum Ergebnis gelangen, dass es immer wieder derselbe Hauptdarsteller ist, der sich bei Entscheidungen durchsetzt, und dass die drei anderen regelmässig auf der Strecke bleiben. Möglicherweise geben Sie aufgrund Ihres Lebensskripts intuitiv immer wieder einer Grundrichtung den Vorzug und ignorieren dabei die anderen. Sie entscheiden und handeln immer nach dem gleichen Muster. Dies kann durchaus Folgen haben: Sie entscheiden nicht der Situation entsprechend und finden somit auch nicht die beste Lösung. Sie entscheiden unreflektiert.

Vielleicht entdecken Sie sogar, dass die Entscheidungsgewalt auf Ihrer inneren Bühne je nach Thema oder Fragestellung anders verteilt wird und sich im Lauf der Zeit bestimmte Zuständigkeitsbereiche herauskristallisiert haben: Wer entscheidet zum Beispiel bei Nachbarschaftskonflikten? Der Konsequente, der auf strikte Einhaltung der Hausordnung pocht. Oder doch der Freundliche, der stets kompromissbereit ist, wenn er einen Streit vermeiden kann?

Und wer entscheidet jeweils in der Ferienplanung? Der Gemütliche, der den nächstgelegenen Strand wählt, oder der Geschäftige, der die Städtereise am liebsten mit einem neuen Geschäftskontakt verknüpfen würde?

Nicht immer ist es allerdings der Fall, dass sich in wichtigen Entscheidungen einer der vier Bühnendarsteller durchsetzt. Die inneren Streitgespräche können sich auch als destruktive Blockade auswirken und die Handlungsfähigkeit sabotieren. Etwa dann, wenn sich zwei Grundrichtungen als gleich stark erweisen und mit negativen Konsequenzen drohen. Oder wenn Sie ein Vierer-Typ sind und sich handlungsunfähig fühlen, weil in Ihnen ein Stimmensturm die totale Verwirrung stiftet.

**Frage 8: Wo setzen Sie sich selbst schachmatt?**
In der beschriebenen Szene aus dem Büroalltag könnte dies beispielsweise so aussehen, dass der Konsequente mit einem Karriereknick droht, falls Sie den Beschwerdebrief nicht unverzüglich verfassen, während der Gemütliche die Gesundheit in Gefahr sieht: „Du wirst einen Herzinfarkt erleiden, wenn du dich unter Druck setzen lässt!" Was ist Ihnen lieber: der Jobverlust wegen Widersetzens einer

**Tab. 13.1** Auflösung zu den Beispielsätzen der vier inneren Darsteller in Abschn. 13.2

| 1. GS | 9. GM  | 17. F  |
|-------|--------|--------|
| 2. K  | 10.GS  | 18. K  |
| 3. K  | 11. GM | 19. K  |
| 4. F  | 12. GS | 20. F  |
| 5. GM | 13. GM | 21. GS |
| 6. K  | 14. K  | 22. K  |
| 7. GS | 15. F  | 23. GM |
| 8. F  | 16. GS | 24. F  |

F = der Freundliche, GM = der Gemütliche, GS = der Geschäftige, K = der Konsequente

Anweisung oder ein Kreislaufkollaps wegen fehlender Entspannung? Weil Sie beides vermeiden wollen, stehen Sie möglicherweise vor einer fatalen Blockade.

## 13.3 Innere Bühne im Zentrum des Coaching-Gesprächs

Das Modell der inneren Theaterbühne ermöglicht Ihnen, Ihren Selbstgesprächen erfolgreich auf die Spur zu kommen und entscheidende Fragen zur Selbstreflexion zu stellen. Bestimmt werden Sie einen erheblichen Nutzen daraus ziehen und ungeahnte Potenziale zur Entwicklung und Veränderung entdecken.

Um sich noch gezielter und vertiefter mit dem weitreichenden Thema „Innere Dialoge, Widersprüche und Debatten" auseinanderzusetzen, empfiehlt es sich, eine ausgewiesene Fachperson beizuziehen. So können im Rahmen eines ausgewiesenen, professionellen Coachings der GPI Test gemacht oder zusätzliche Fragen gestellt und besprochen werden. Ein erfahrener Coach oder Berater, der Sie differenziert wahrnimmt, kann Ihnen im Verlauf der Beratungsgespräche situationsbezogen die entscheidenden Fragen stellen. Dadurch gewinnen Sie nicht nur eine effiziente und gewinnbringende Moderation, sondern zusätzlich eine wertvolle Aussensicht.

Tab. 13.1 nennt die inneren Sprecher für die Beispiele in Abschn. 13.2.

## Literatur

Ansbacher HL, Ansbacher RR (Hrsg) (1995) Alfred Adlers Individualpsychologie, 4. Aufl. Basel, Reinhardt

Dreikurs R, Blumenthal E (1992) Eltern und Kinder – Freunde oder Feinde, 2. Aufl. Deutscher Taschenbuch, Stuttgart

# Selbstsabotage – der Saboteur in uns 14

Im Turnunterricht: Der Sportlehrer gibt die knappe Anweisung, dass sich die Klasse in zwei Gruppen aufteilen soll: „Reto und Carmen, wählt eure Teams!" Thomas und Sandra gehören wie immer zu den Letztgewählten. Eine gefühlte Ewigkeit stehen sie schon da und warten in der Reihe, bis sie endlich in die eine oder andere Mannschaft gewählt werden.

Kennen Sie das? Dabei ist die späte Wahl noch nicht einmal das Schlimmste. Die felsenfeste Überzeugung, dass sich keiner in der Mannschaft darüber freut, dass man auch noch zum Team gestossen ist, ist noch viel entmutigender. Die erzwungene Wahl und die Gewissheit, dass man zwar zum Team gehört, aber sicherlich zum Sieg nicht beitragen wird, lassen kein Gefühl der Zugehörigkeit und des Vertrauens in die eigenen Fähigkeiten aufkommen. Viel eher schleicht sich das Gefühl ein, nicht gewollt, inkompetent und dadurch unerwünscht, im besten Fall geduldet zu sein!

Wie kommt es, dass sich dieselbe Überzeugung inklusive der Gefühle auch einstellt, wenn Ihr Chef Mitarbeiter für ein Projekt auswählt? Sie sich am Sitzungstisch innerlich ducken und so klein wie möglich machen! Das innere Mantra schon fast betend wiederholen: „Bitte, nur nicht mich!", sich gleichzeitig aber ohrfeigen mögen und Sie sich selbst in Ihrem Verhalten unmöglich finden?

## 14.1 Bitte, nur nicht mich

Die Selbstsabotage schlägt selten dort zu, wo wir uns sicher, den Aufgaben gewachsen und dem Leben positiv zugewandt fühlen. Hier sind wir in unseren Stärken und Fähigkeiten zu Hause und gestalten Herausforderungen mit gewachsenem und erprobtem Selbstbewusstsein. Weshalb kann es jedoch durchaus sein, dass die eigene, gerade noch starke und positive Stimmung in Sekundenschnelle kippt, das soeben gefühlte Hoch in eine verstörende Tiefe stürzt? Was geschieht da?

„Wir sind Kinder in einer alternden Haut", (Schoenaker 1996, S. 75) so fasst Theo Schoenaker den Menschen in seinen inneren Abläufen zusammen. Dies bedeutet, dass eine Handlung oder Situation in der Gegenwart, welche auch nur die geringste Ähnlichkeit zur Vergangenheit aufweist, unser Selbstsabotage-Programm aktiviert. Ein „bitte, nur nicht mich" anstelle eines selbstbewussten „Chef – ich würde mich gerne an dem Projekt beteiligen" ist die fatale Folge. Zu gross die unbewusste, aber steuernde Angst, die schmerzhafte Erfahrung aus der Kindheit wieder zu erleben: unerwünscht und höchstens geduldet zu sein. Deshalb wird die drohende Wiederholung möglichst umschifft. Wie ein Riff im offenen Wasser. Dies stellt ein klassisches Vermeidungsverhalten dar.

Ebenso häufig finden sich Sätze wie „Ich werde benachteiligt und ziehe (wiederum oder noch immer) den Kürzeren!". „Mir hört man nicht zu und mich nimmt man nicht ernst" oder der sprichwörtliche Esel, den man in seiner Sturheit stehen lässt und selbst nachgibt – sprich, sich vom eigenen Kurs abbringen lässt.

Glaubenssätze, geboren und konditioniert in der Kindheit, mit ungebrochener, meist unbewusster Wirksamkeit im Heute.

## 14.2 Selbstsabotage ist menschlich

Die Schlussfolgerungen aus dem kindlichen Erleben damals, wie auch das eigene Bewertungssystem, sind gut auf unserer persönlichen Festplatte abgespeichert. Freudige, das Selbstbewusstsein stärkende und förderliche Schlussfolgerungen aus der Kindheit ebenso wie die weniger hilfreichen. Im Moment der Selbstsabotage jedoch rücken die nützlichen und erfolgreichen Strategien leider in den Hintergrund.

Nehmen wir das Anfangsbeispiel. Sie erinnern sich: Thomas und Sandra werden regelmässig als Letzte in die Mannschaften gewählt und entwickeln daraus eine Lebensidee und Empfindsamkeit. Diese ist verankert mit dem Gedanken „Mich will niemand – ich bin unerwünscht" und dem Gefühl von trauriger und

## 14.2 Selbstsabotage ist menschlich

schmerzhafter Unzulänglichkeit. Stellen Sie sich nun Thomas in einer Geschäftssituation am Sitzungstisch vor, wo der Chef vorschlägt, dass die Mitarbeiter dieses Mal für ein Projekt aufgeteilt werden sollen. Schon beginnt in Thomas unbemerkt die Selbstsabotage; innerlich überzeugt, dass sich jetzt der Ablauf aus der Kindheit wiederholt (was ihm aber nicht bewusst ist), wartet er zu, anstatt sich selbst zu melden. Schlussendlich wird er tatsächlich dem Team zugeteilt, zu welchem er eigentlich nicht passt oder wo er seine Fähigkeiten nicht optimal einsetzen kann. Die ganze Zeit über kämpft er mit seinen Gefühlen der Unzulänglichkeit und des Nicht-gewollt-Seins, was ihn komplett blockiert und ein anderes Verhalten verhindert. Am Schluss ist er enttäuscht und entmutigt und sieht sich in einer Arbeit, in welcher er nicht in seinen Kernkompetenzen brillieren wird. Diese Darstellung zeigt im Gegensatz zur Vermeidungsstrategie die Wiederholung des Erlebten.

Die inneren Selbstgespräche und Abläufe in der Selbstsabotage werden von unmittelbar realen Situationen angestossen, doch sie (und die passenden Gefühle) liegen in uns selbst verankert. Diese limitierenden Glaubenssätze und bremsenden Überzeugungen führen meist zu Wiederholungen der eigenen Lebensgeschichte.

Welche Glaubenssätze und Überzeugungen kennen Sie?

- Das schaffe ich eh nie! Das muss ich gar nicht erst versuchen!
- Ich habe zwei linke Hände! Das kann nicht gut gehen!
- Ich kann nicht gut reden! Das sollen andere tun!
- Andere sind viel beliebter als ich! Die wollen mich eh nicht!
- Ich kann mir noch so viel Mühe geben! Es reicht nie zu einem guten Resultat!
- Das kann ich nicht! Ich mache mich bestimmt nicht lächerlich!
- Ich bin nicht gut genug! Ich lass es lieber gleich.
- …

Was erreichen die Sätze in Ihrem Leben?

- Ich erreiche wenig Erfolge.
- Ich werde nicht wahrgenommen.
- Ich beteilige mich nicht an Debatten.
- Ich werde übergangen.
- Ich bin nie zufrieden.
- Ich wage nichts.
- …

Was wollen Sie?

„Man muss sich von sich selbst nicht alles gefallen lassen." (Frankl 1984, S. 144)

Entlarven Sie Ihre Sabotagemuster und treten Sie ihnen mutig entgegen. Der zweite Blick erlaubt die Dinge zu sehen, wie sie tatsächlich sind. Der Erste nur, wie wir sind. Ein veränderter, erwachsener Blick auf uns selbst erlaubt das Leben anders zu sehen und anders zu handhaben.

## 14.3 Selbstsabotage als Not- und Schutzprogramm

Unser Selbstwert ist gefährdet, wenn wir uns Situationen ausgesetzt sehen, in welchen wir das Erreichen der Ziele uns selbst nicht zutrauen. Hier braucht der Mensch die Selbstsabotage als Notprogramm. Vermeidung oder Entschuldigung steht auf der inneren Flagge. Im Entschuldigungsmodus spreche ich oft von „Alibis" – von Sätzen, die wir uns selbst glauben machen wollen und die auch auf andere überzeugend wirken. Es ist viel leichter und fühlt sich besser an, überzeugende Gründe und Argumente zu finden, die das eigene Scheitern entweder verhindern oder bei Unausweichlichkeiten erklären und rechtfertigen. Prüfungsangst bei einer bevorstehenden Prüfung dient dem Ziel des Alibis vorzüglich. Wird die Prüfung nicht bestanden, so haben wir eine Erklärung, die unser Ansehen rettet. Bestehen wir die Prüfung, so hebt es unsere Leistung, dass wir diese trotz der Prüfungsangst bestanden haben. Dies nur als ein häufig vorkommendes Beispiel.

Die Beschuldigung von andern oder von ganzen Systemen ist ebenfalls eine beliebte Ausrede:

- Wenn der andere …, dann …
- Wäre die Firma anders geführt, dann …
- Wenn ich studiert hätte, dann …
- … aber so kann ich nicht!

Eigene Erfolge sind viel häufiger, regelmässiger und mit weniger Energieverlust zu erreichen, wenn auf Ausreden und Entschuldigungen verzichtet wird. Wie kommen Sie hier weiter?

Indem Sie sich selbst ungeschminkt eingestehen, dass Sie sich zwischendurch auf die Selbstsabotage als Notprogramm einlassen. Dies zum eigenen, vermeintlichen Schutz. Beobachten Sie sich, wann Sie darauf zugreifen und welcher mögliche Grund oder welches Argument Sie sich zurechtgelegt haben. Wie Sie sich (und andere) überzeugen wollen, ein mögliches Versagen erklären zu können oder Ihren Erfolg höher zu bewerten.

Die Selbstsabotage als Vermeidung im Sinne eines Ausweichens funktioniert meist durch Selbstgespräche, welche sich mit der eigenen Geschichte und Person verknüpfen lassen. Die Ausrede: „Meine Stimme ist zu hoch, deshalb spreche ich lieber nicht vor Leuten!" bringt Sie nicht nur um viele Chancen und Erfolge, sondern auch um die Erfahrung, dass Sie auch diese Hürde meistern können. Was wiederum mehr Mut als Endprodukt in Ihren Selbstwert spülen würde.

## 14.4 Automatisierte Programme

Durch den individuellen Lebensstil gibt der Mensch seinem Leben Plan und Richtung. Dieser Plan ist in der Regel unbewusst und entfaltet seine Wirkung in allen alltäglichen Handlungen. Alle Bewegungen, Haltungen und körperlichen Ausdrucksweisen eines Menschen, auch das Gehen, vollziehen sich ohne Nachdenken. Deswegen sagt man, dass es unbewusst geschieht.

Um das Leben und seine Herausforderungen zu meistern, brauchen wir viele „Automatismen". Nicht jedes Mal, wenn wir über einen Fussgängerstreifen gehen, müssen wir uns die Fussgängerregeln neu zurechtlegen, vielmehr geschieht dies automatisch. Wir wären ohne diese Automatismen beim Gehen, Essen, Reden usw. gar nicht überlebensfähig. Wir denken nicht, sondern wir wiederholen ein verinnerlichtes, erprobtes Programm. Der Mensch besitzt viele dieser Programme und die Automatismen sind stets mit diesen verlinkt.

In Stresssituationen wird die subjektive Wahrnehmung und Handlungsfähigkeit noch zusätzlich reduziert bzw. eingeschränkt.

**Nehmen wir als Beispiel Caroline**
Carolines Treff mit ihren Freundinnen ist wie das Sahnehäubchen, das man sich einfach hin und wieder gönnt. So auch an diesem Dienstagnachmittag. Warum die Strassenbahn gerade heute auf dem Weg ausfällt, kann Caroline nicht nachvollziehen und lässt in ihr ein genervtes Gefühl aufkommen. Ihr ist klar, dass sie nun zu spät sein wird. Und dies nicht bloss für eine knappe Viertelstunde, was ja durchaus noch im tolerablen Bereich liegen würde. Endlich hat sie es geschafft – schwungvoll betritt sie den vereinbarten Treffpunkt. Doch wo bleiben die Freundinnen? Auch verspätet? Kann doch nicht sein. Glücklicherweise ist Frau heute ja mit einem Handy bestückt, welches auch gleich zum Einsatz kommt. Eine knappe Unterredung später wirft Caroline das Telefon zurück in die Tasche. Wut und Enttäuschung spielen sich hoch und gesellen sich zur Verärgerung über die Strassenbahn: die Freundinnen sind ohne sie losgezogen und haben selbstbestimmend die Initiative er-

> griffen. Sie könne ja nachkommen. Nun schlägt die Selbstsabotage zu. Die alte, hässliche Überzeugung, übergangen zu werden – nicht wichtig zu sein, schwappt hoch und mit ihr die verletzten Gefühle. Caroline ist nicht mehr in der Lage, den Autopiloten, der jetzt ihr Handeln übernimmt, zu steuern. Auch nicht fähig, die Sache aus der Distanz anzusehen und das Beste daraus zu machen – nämlich den Freundinnen zu folgen. Nein, das Handlungsmuster aus der Kindheit, verinnerlicht und programmiert, übernimmt den aktiven Part und lässt Caroline kurze Zeit später, tieftraurig, von den Freundinnen enttäuscht und im eigenen Minderwert badend, in ihrem Zuhause ankommen.

Was ist passiert? Die eigene Sicht auf Menschen und Situationen wurde eingefärbt und an die eigenen Überzeugungen angepasst. „Ich werde übergangen – und dann bleibt mir nichts als der traurige Rückzug."

Eine auslösende Situation – die entsprechende, unbewusste Einordung des Geschehens nach der Lebensstilüberzeugung – die gedankliche Übertragung „ich werde übergangen – ich bin nicht wichtig" – die passenden Gefühle und schlussendlich die eingeübte Handlung des Rückzugs. Privatlogisch nachvollziehbar, jedoch wohl kaum von den Freundinnen als hilfreiche Aktion taxiert, mit dem Resultat der eigenen Sabotage = nämlich, sich selbst um den geliebten Treff gebracht zu haben.

## 14.5 Die Selbstsabotage funktioniert 100%ig

Die Selbstgespräche, gekoppelt mit den Gefühlen und den folgenden Handlungsmustern, funktionieren sehr effektiv: Der Mensch fühlt sich entweder unbeholfen, schuldig, unsicher, ungerecht behandelt oder eben übergangen, nicht wichtig etc. Er verbraucht in der betreffenden selbstsabotierenden Situation alle zur Verfügung stehende Energie in der Beschäftigung mit sich selbst, seinen Minusgefühlen oder damit, diese wieder auf eine gute Ebene zu bringen. Koste es, was es wolle. Die wirkliche Endrechnung, die Realisierung von Verlusten und Selbstschädigung – sei es auf der Beziehungs- oder Geschäftsebene – kommt immer erst viel später.

## 14.6 Die vier Grundrichtungen in der Selbstsabotage

Die vier Grundrichtungen als ein Teil des Lebensstils sind als Saboteure gut eingespielt. Negative Wiederholungsschleifen führen den Menschen immer wieder in seine Sackgasse. In Stress-Situationen hört und sieht er oft nur, was er hören oder sehen will – oder zu hören oder zu sehen meint. Die den vier Grundrichtungen ureigene, tendenziöse Sichtweise engt die Gedanken und Handlungen ein. „Das lass ich mir nicht bieten ...!" „Immer ich ...!" „Ich darf nicht ...!" und „Das Fass ist jetzt aber voll ...!" Sind Sie schon geübt und können auf Anhieb festmachen, zu welchen Grundrichtungen diese inneren Dialoge gehören? Mit trainiertem Feingefühl können Sie diese inneren Stimmen bei sich selbst hören und entscheiden, ob Sie sich gerade in eine Selbstsabotage manövrieren, zu einem „Befreiungsschlag" ausholen oder zu einer angepassten Handlung wechseln wollen.

## 14.7 Der Geschäftige in der Selbstsabotage

Susi Geschäftig und ihre Geschwindigkeit haben wir kennengelernt. Als Geschäftige ist sie ehrgeizig und zielstrebig. Besitzt eine hohe Geschwindigkeit und drängt vorwärts. Nur kein Stillstand! Sie steht stets auf Messers Schneide, sich selbst und das Umfeld zu überfordern. Susi Geschäftig will Verantwortung tragen, Entscheidungen treffen und Ziele erreichen. Dabei begleitet sie stets das Gefühl, dass ihr die Zeit davonläuft. Sie will besondere Bedeutung haben und wichtig sein. Die Selbstsabotage nimmt ihren Lauf, wenn eigene (zu hohe) Ziele nicht erreichbar scheinen oder die eigene Wichtigkeit in Frage gestellt wird. Denn sich im Mittelfeld zu bewegen, durchschnittlich oder gar bedeutungslos zu sein, ist nicht Sache der Geschäftigen. Vielleicht auch noch kritisiert zu werden, bringt die Mühle erst recht zum Laufen.

Die geschäftige Person im Selbstsabotagemodus erhöht als Folge eines drohenden Stillstands ihren Leistungsanspruch. Grenzenlos wird nun angespornt und unter Druck gesetzt. Die eigene Person sowie das Umfeld. Neue Ideen werden gefordert, einengende Zeitfenster wie Arbeitszeiten, Schlaf und Freizeit ausser Kraft gesetzt. Wenn es sein muss: Engagement bis zur Selbstauflösung oder Selbstzerstörung. Der noch so kleinste Erfolg gibt der Mühle Auftrieb und dient der Rechtfertigung.

Gut gemeinte Hinweise und Befürchtungen werden als Kritik aufgefasst und die kritisierende Person in die Schranken gewiesen: „Das lasse ich mir nicht bieten ...!". Im Exzess gelebt, wird die geschäftige Person meist vom eigenen Körper gestoppt, der den Raubbau nicht mehr verkraften will. Geschäftliche wie private Beziehungen werden auf eine harte Probe gestellt und nicht selten vom Gegenüber beendet.

## 14.8 Der Konsequente in der Selbstsabotage

Alex Konsequent hat vor allem ein Ziel: er muss das Leben im Griff haben und nicht umgekehrt. Unsicherheit oder gar etwas Unerwartetes sind belastend und stellen eine problematische Situation dar, der mit immer gleicher Methode zu

Leibe gerückt wird: Kontrolle! Kreativität steht grundsätzlich unter dem Generalverdacht, den Überblick zu gefährden. Weshalb sich konsequente Menschen wenig experimentierfreudig zeigen. Zudem muss alles gut durchdacht sein und meist wird ein Haken an der Sache gefunden, was zum Abblasen der gedanklichen Erweiterung führt. Fehler und Unvollständigkeiten sind grundsätzlich zu vermeiden. Schliesslich kann alles noch besser gemacht werden.

Etwas, das „aus dem Ruder" läuft, nicht mehr unter Kontrolle ist, lässt die Sicherheit schwinden und die konsequente Person in die Selbstsabotage gleiten. Die Sache nicht mehr in der Hand zu haben, in den eigenen Bemühungen in Frage gestellt zu werden, lässt das bodenauflösende Gefühl des Ausgeliefertsein hochsteigen, das unbedingt bekämpft werden muss. Jetzt ist es soweit: Der Selbstsabotagemodus übernimmt. Übersteigerte Kontrolle und Druck sind die Folge, starke Fokussierung auf Mängel und Fehler, Versachlichung sowie emotional wie körperliche Distanzierung zu den auslösenden Faktoren oder Personen. Für die konsequente Persönlichkeit ein immenser Kraftaufwand, um die eigene Sicherheit wiederherzustellen. Jede Handlung und Absicht muss erklärt, begründet und gerechtfertigt werden. Für andere Menschen im beruflichen wie privaten Umfeld wird die Situation praktisch unerträglich. Im Exzess und ohne Aussicht auf Erfolg wird die Situation auch für den Konsequenten zu viel. Übertriebener Perfektionismus raubt die noch vorhandene Energie.

## 14.9 Der Freundliche in der Selbstsabotage

Gabriela Freundlich besitzt ein grosses, verbindendes Herz, das idealerweise immer und überall von anderen geschätzt wird. Dafür tut sie auch ganz viel. Nein sagen, eigene Bedürfnisse wahrnehmen und durchsetzen ist nicht ihr Stil. Es könnte ja durchaus als Resultat Ablehnung folgen. Es könnte jemand das Verhalten nicht goutieren. Auch wenn sich dies nur im Heben der Augenbraue beim Gegenüber bemerkbar macht. Diese, vielleicht auch nur durch Erstaunen hervorgerufene Reaktion reicht durchaus, um die Seelenruhe einer freundlichen Person zu stören. Gehören Sie zu den Freundlichen, dann kennen Sie das Selbstsabotage-Szenario, das nun folgt. Hinterfragt werden nicht die Mimik, Gestik oder die Gründe des andern, hinterfragt wird das eigene Verhalten. Und dies wird dann gemessen an dem eigenen Anspruch, es allen Menschen Recht machen zu müssen. Was nun folgt, ist ein gedankliches Drehen der eigenen Person durch den Fleischwolf. Übrig bleiben Schuldgefühle oder andere ungute Gefühle – und diese blockieren. Sie werden kaum erleben, dass eine freundliche Person im Selbstsabotagemodus mit Ihnen sprechen und Dinge klären wird. Diese Gespräche rangiert sie wie Züge in sich selbst hin und her. Und das dauert. Kriegt sie die Sache für sich wieder auf die Reihe, so nimmt der Alltag gewohnt wieder seinen Gang. Bleibt sie aber, bedingt durch sich wiederholende „Ablehnungen" und dadurch fehlende Anerkennung über lange Zeit im Rangieren stecken, so steht sie sprichwörtlich vor dem Prellbock. Sie sieht keinen Ausweg mehr, als den einen: Ausbruch – weg aus der verursachenden Situation! Und dies meist radikal. Emotional nicht mehr in der Lage, die Not anderer zu sehen. Oder die andere Realität wahrzunehmen. Die Realität ausserhalb des inneren Rangierbahnhofs.

## 14.10 Der Gemütliche in der Selbstsabotage

Stefan Gemütlich möchte sein Leben in Frieden und selbstbestimmend gestalten und keinen Druck von aussen spüren. Keine Hast und keine Eile, keine Bevormundung! Das ist ihm wichtig! Das Leben ist viel zu schön, um dieses in Lichtgeschwindigkeit zu durchfliegen oder unter einem Joch zu verbringen. Bekommt er Druck – leider fordert das Leben hin und wieder seinen Tribut der schnellen Tatkraft und der Forderungen – drücken andere, befehlen und fordern, so dass die Belastung ansteigt, schaltet sich die Selbstsabotage ein. Anstelle der geforderten und von Aussen erwarteten Leistung wird nun der innere, eiserne Rollladen runtergelassen: „Das Fass ist jetzt aber voll …" Als Folge wird der ansonsten sprichwörtlich positiv erlebte Fels in der Brandung mit Spasseffekt zum Stein, der alles abprallen lässt. Wie das? Der Gemütliche verschanzt sich und lässt sich nur noch durch ihm zugestandene Freiheiten zum aktiven Mitmachen bewegen. Sei dies im persönlichen, sozialen Umfeld oder im Job. Meist lässt dies das Umfeld in Verzweiflung und Hilflosigkeit gleiten. Alles zureden und alle gutgemeinten Lösungsvorschläge fruchten nicht. Bis – ja, bis der Druck weggenommen wird! Sei dies durch die Übernahme von Arbeiten durch andere Personen oder durch die zugesprochene Freiheit der Selbstbestimmung, des eigenen Steuerns. Im Notstand, wenn die Befreiung über längere Zeit nicht gelingt, bleibt der Gemütliche in der Verschanzung, riskiert dabei Job und Partnerschaft. Denn nur so erscheint es ihm möglich, seine Freiheit wiederzuerlangen. Nicht selten löst diese Notstrategie der Selbstsabotage Krankheiten aus, die die sofortige Entlastung möglich machen.

## 14.11 Mind Reset – weil es Ihr Leben ist!

„Ich habe keine andere Wahl!" „Es macht einfach mit mir!" „Ich kann nicht!". Derartige Sätze entspringen keinem selbstverantwortlichen Denken. Es sind Aussagen von Opfern. Wollen Sie Ihr Leben diesen Einstellungen opfern und Selbstsabotagen hilflos und wieder und wieder in Endlosschleifen erleben? Wenn nicht, dann passen Sie auf:

▶ Neue Wege entstehen, indem sie begangen werden.

Der individualpsychologische Begriff „Lebensstil" (Bärtschi 2014) bezieht sich, wie wir schon wissen, auf die persönlichen Überzeugungen und Weltanschauungen einer Person und verdeutlicht, wie der Einzelne sein Leben und seine Möglichkeiten einschätzt. In den Grundrichtungen sind viele gedankliche Selbstläufer auszumachen, die zur Selbstsabotage führen. Einmal mehr gilt es, diese ausfindig zu machen und offen und ehrlich zu sich selbst zu sein. Nur dann und in der Übernahme der dazugehörenden Eigenverantwortung setzen wir uns frei und können neue Handlungsmuster einüben – trotz unserer (bleibenden) Grundrichtungen. Siehe dazu auch die Hinweise unter jeder dargestellten Grundrichtung „Ermutigt oder entmutigt?"

Neue Sätze und Überzeugungen führen zu mehr Lebensfreude und Lebensqualität! Formulieren Sie Ihre neue Gehrichtung …

> **Einen eigenen Aktionsplan erstellen**
> In welchen Situationen oder in welchen Beziehungen werden Sie von welchen Gedankenmustern Ihrer Hauptgrundrichtung geleitet?
> Sammeln Sie (Glaubens-)Sätze, Sprichwörter, Redewendungen oder Überzeugungen, die Ihnen während eines Tages auffallen. Notieren Sie diese Sätze auf ein Blatt.
> Wählen Sie nun aus den notierten Formulierungen Ihre drei wichtigsten Sätze aus und erweitern Sie sie schriftlich, indem Sie diese umformulieren. Diese sollen sich, wenn auch ungewohnt, gut anfühlen. Entlastend und den eigenen Handlungsspielraum erweiternd (Tab. 14.1).

**Tab. 14.1** Aktionsplan: Glaubenssätze umformulieren

| Worte und Gedanken (Beispiele für Selbstsabotage) | Bessere Umformulierung |
|---|---|
| Ich muss immer gewinnen. | Es ist nur normal, dass andere auch gewinnen wollen. Zufrieden kann ich mich jetzt auch mal hinten anstellen. |
| Ich muss einen Weg finden, um mein Gesicht wahren zu können: Die Ausrede! | Ausreden verschleiern nur mir selbst etwas und bringen mich nicht weiter. Ich stehe zur Wahrheit und mache die Sache nicht so wichtig. |
| Ich mache immer alles falsch! | Was ich unbedingt will, gelingt mir doch meist. |
| Arbeit ist das halbe Leben. | Und das genügt auch. Ich mach jetzt Pause. |
| Ich mache es auf meine Art und Weise! | Was haben andere für Ideen, die das Leben/die Aufgaben für mich vereinfachen würden? |

**Verankerung ist das Zauberwort**
Die von Ihnen neuformulierten Sätze bzw. gedanklichen Erweiterungen gilt es im Alltag zu verankern. Halten Sie Ihre Sätze auf einem Blatt Papier fest und verinnerlichen Sie diese. Nutzen Sie jede Gelegenheit, diese zu trainieren. So gestalten Sie Ihre neuen Lebensmelodien!

> Achte auf deine Gedanken, denn sie werden zu deinen Überzeugungen. Achte auf deine Überzeugungen, denn sie werden zu deinen Gewohnheiten. Achte auf deine Gewohnheiten, denn sie werden zu deinem Charakter. (Quelle unbekannt)

## Literatur

Bärtschi UR (2014) Lebensstil – ein inneres Steuerungsprogramm. https://urs-r-baertschi-coaching.ch/produkt/21-lebensstil-ein-inneres-steuerungsprogramm/. Zugegriffen am 16.06.2020

Frankl V (1984) Der leidende Mensch, 1. Aufl. Hans Huber, Bern, S 144

Schoenaker T (1996) Mut tut gut, 5. Aufl. RDI, Stuttgart

# Sprechen Sie die Sprache Ihres Gegenübers 15

Auslandsferien eröffnen die Gelegenheit, Fremdsprachenkenntnisse anzuwenden und ein internationales Business-Meeting verlangt nach geschulten Dolmetschern. Der flexible Einsatz verschiedener Sprachen und ihrer Übersetzungen ist im privaten und beruflichen Alltag längst eine Selbstverständlichkeit. Doch braucht es Übersetzungen nur, wenn es um das „Was" einer Botschaft geht oder auch dann, wenn es um das „Wie" geht?

Wenn der Mensch spricht, ist er in seiner eigenen Welt zu Hause. Er formuliert die Worte, wie diese für ihn selbst passend und stimmig sind. Unsere Worte sind immer ein Ausdruck unserer Persönlichkeit. Der Geschäftige formuliert für sich ganz unbedacht und in aller Selbstverständlichkeit: „Bringen Sie mir doch schnell das erarbeitete Dossier." Der Konsequente wählt eine ganz andere Formulierung: „Wann sind Sie fertig? Um welche Uhrzeit habe ich bitte das Dossier?"

Die freundliche Person drückt es wiederum anders aus: „Wenn Sie fertig sind, bringen Sie mir bitte das Dossier." Und der Gemütliche: „Es wäre nicht schlecht, das Dossier in den nächsten Tagen zu haben."

Das Gegenüber hört dieselben Worte in seiner eigenen Sprache. Hört etwa ein Gemütlicher den Satz des Geschäftigen, wird er sich wahrscheinlich reflexartig sagen: „Typisch, bevor ich anfange, sollte ich schon wieder fertig sein." Und der Freundliche denkt beim Satz des Konsequenten unweigerlich: „Oh weh, sollte ich schon fertig sein? Genüge ich nicht?" Die Konflikte liegen schon fast in der Luft, zumindest ist das Erwartungs- und Enttäuschungspotential deutlich erkennbar.

© Springer Fachmedien Wiesbaden GmbH, ein Teil von Springer Nature 2020
U. R. Bärtschi, *Ich bin mein eigener Coach*,
https://doi.org/10.1007/978-3-658-30498-0_15

Menschliche Beziehungen werden tragfähiger, wenn wir unsere Aussagen für das Vis-à-vis aufbereiten. So könnte der Geschäftige zum Gemütlichen sagen: „Ich schätze Ihre Selbstständigkeit. Was denken Sie, bis wann können Sie die Arbeit erledigen?". Der Konsequente zum Freundlichen: „Diese Arbeit ist besonders wichtig, bitte behandeln sie sie prioritär."

Kompliziert? Überhaupt nicht, achten Sie in der nächsten Sitzung einfach einmal darauf, welche Worte jeder einzelne verwendet. Jede Grundrichtung hat ihren eigenen Wortschatz. Geschäftige verwenden häufiger Worte wie „schnell", „jetzt" oder „sofort". Die Betonung liegt auf Formulierungen wie: „wichtig", „bedeutend" oder „erfolgversprechend".

Die konsequente Persönlichkeit braucht Worte wie „pünktlich", „genau", „exakt". „Haben Sie nichts vergessen?", „Haben Sie an alles gedacht?". Konsequente wünschen sich Sicherheit und Klarheit.

Freundliche Persönlichkeiten legen den Fokus auf den Menschen. „Vertrauensvoller Umgang", „Das haben Sie gut gemacht". „Geht es allen?", „Passt es für Sie?", „Was ist Ihre Meinung dazu?".

Gemütliche Menschen betonen Worte wie „Zeit geben", „druckfrei", „alleine", „selbstständig", „Moment mal". „Das ist unabhängig von …?"

Was in den Ferien selbstverständlich ist, könnte auch im Alltag zur Regel werden. Leisten Sie doch hin und wieder hilfreiche Übersetzungsarbeit. Ihr Gegenüber wird es Ihnen danken.

# Coaching als Erfolgsrezept: Veränderung unter professioneller Anleitung

**16**

> Je höher jemand im Berufsleben kommt, desto eher wird die eigene Persönlichkeit zum Hindernis. Ich bin überzeugt, dass Vorgesetzte, die ihr Verhalten nicht reflektieren und ausschliesslich fachlich kompetent sind, bald der Vergangenheit angehören. (Petra Jenner, CEO Microsoft Schweiz, in Specker 2012)

Petra Jenner führt eine der umsatzstärksten der weltweit 168 Microsoft-Niederlassungen und ist für rund 600 Mitarbeitende verantwortlich. Sie plädiert dafür, dass Manager künftig über mehr Menschenkenntnisse verfügen müssen und hat klare Vorstellungen davon, wie dieses Ziel erreicht werden könnte:

> Jeder Manager müsste eigentlich eine Coaching-Ausbildung durchlaufen. (Specker 2012)

Wie Petra Jenner feststellt, bereiten sich Führungskräfte oft mangelhaft auf ihre Aufgabe vor. Die meisten erreichen ihre Position dank hervorragender, fachlicher Qualifikationen. Hingegen wurde kaum gelernt, konstruktiv und weitsichtig mit Menschen umzugehen. Dieses Knowhow erwirbt sich nicht nebenbei in ein paar Führungsseminaren, meint sie, und ergänzt: „Führen ist ein kontinuierlicher Prozess. Und weil die Menschen, mit welchen man arbeitet, sich laufend verändern und besser werden, müsste jede Führungsperson permanent und gezielt an sich arbeiten." Petra Jenner erachtet eine Coaching-Ausbildung als wichtig, da Manager aus ihrer Sicht ein hohes Mass an Selbstreflexion benötigen. Nur wer sich selbst reflektiert und kennt, kann andere verstehen und zielführend unterstützen.

© Springer Fachmedien Wiesbaden GmbH, ein Teil von Springer Nature 2020
U. R. Bärtschi, *Ich bin mein eigener Coach*,
https://doi.org/10.1007/978-3-658-30498-0_16

Erfolg heisst für mich, andere erfolgreich zu machen. (Specker 2012)

Petra Jenner hält Empathie für den Schlüssel zu nachhaltig erfolgreicher Führung und ist überzeugt, dass sich eine humanere Unternehmenskultur langfristig auszahlt.

## 16.1 Etabliertes Coaching

Zu Beginn der Neunzigerjahre wurde Coaching als Modewelle belächelt, inzwischen hat sich diese Form der Beratung als wichtiges Instrument der Personalentwicklung behauptet. Die Etablierung im deutschsprachigen Europa gilt als eine der grössten Erfolgsgeschichten in der Entwicklung von Personal und Führungskräften.

Der anhaltende Coaching-Boom ist die Antwort auf die Veränderungskultur unserer Zeit. Sowohl beruflich als auch privat gilt es, Schritt zu halten: Erwartet werden multiple Fähigkeiten und Handlungskompetenzen. Gleichzeitig steigt der Wunsch nach zielgerichtetem und erfolgreichem Handeln. Coaching durch eine gute Fachperson ermöglicht genau diese angestrebte Effektivität.

## 16.2 Die Anfänge: Vom Sport in die Wirtschaft

Seinen Ursprung fand das Coaching im US-amerikanischen Sport der Siebziger-Jahre: Sporttrainer stellten fest, dass nicht nur perfekte Technik, Kondition und Kraft zum Erfolg führen, sondern auch mentales Fitness von entscheidender Wichtigkeit ist. Als Pionier der Bewegung gilt Timothy Gallwey. Er zeigte eine Coaching-Methode auf, die in nahezu allen Situationen angewandt werden kann. Im Tennis war eine seiner Hauptaussagen: „Der Gegner im eigenen Kopf ist viel schlimmer als der Gegner auf der anderen Seite des Netzes." Gallwey übertrug das Coaching erfolgreich in die Wirtschaftswelt. John Whitemore (2009) entwickelte als einer seiner bedeutendsten Schüler diese Beratungsform weiter und brachte sie Anfang der Achtzigerjahre nach Deutschland. Als Klassiker gilt sein Buch „Coaching for Performance". In den letzten Jahren wurde die psychologische Basis des Coachings besonders hervorgehoben: Christopher Rauen spricht in seinem „Handbuch Coaching" von einer „vertieften psychologisch ausgerichteten Beratungsmethodik".

## 16.3 Coaching-Essenzen

Coaching ist heute längst nicht mehr ausschliesslich Sportlern und Führungskräften vorbehalten, sondern hat sich auf sämtlichen Stufen erfolgreich etabliert. Die Erkenntnis vieler, dass nicht nur beruflich, sondern auch persönlich ein Profit hervorgeht, hat sich eingeprägt. Integriertes Coaching als festen Bestandteil im Alltag, Beruf, im Sport oder als Weiterbildung hat heute Gewichtung. Speziell in kleinen und mittleren Unternehmen hat der Bedarf nach gezielter und ganzheitlicher Weiterbildung generell zugenommen.

**Was macht ein gutes Coaching aus?**
**Präzise Ergebnisse durch gezielte Fragen**
In einem ersten Schritt hört der Coach seinem Kunden aufmerksam zu, im zweiten stellt er gezielte Fragen. Ganz nach Sokrates: „Wir haben keine Antworten, wir können nur Fragen stellen." Im Berufsalltag sind die Menschen auf Lösungen und Antworten eingestellt. Weil schnelle Antworten wichtig sind, werden dabei die Fragen vergessen.

**In die Aussenperspektive wechseln**
Ein Coach erfasst das Denken und die Handlungen seines Gegenübers. Er versucht, das Empfinden des Gegenübers nachzuvollziehen und dessen Selbstgespräche zu verstehen. Bringt dies alles in einen Zusammenhang und erklärt dem Kunden, wie er seine eigene Situation aus der Distanz betrachten kann und wie dadurch Reflexion und Besinnung möglich werden. Es tut gut und ist hilfreich, sich einmal aus der Aussenperspektive zu betrachten. Wer eine gesunde Portion Humor an den Tag legt und auch über sich selbst lachen kann, zeigt die Fähigkeit, eine gewisse Distanz zu sich aufbauen zu können. Jeder Mensch hat das Anrecht auf die Gestaltung seines Lebens; ein Coach legt sehr viel Wert auf diese Individualität. Er ist sich stets dabei bewusst, dass die Lösung nur im Gegenüber selbst liegen kann. „Ich weiss nicht, was ich gesagt habe, bevor ich nicht die Antwort des anderen darauf gehört habe", sagte Norbert Wiener (Rosenberger 2009, S. 52), Begründer der Kybernetik, treffend. Welchen Satz, welches Wort oder welchen Gedanken der Kunde aufgreift, verinnerlicht und vertieft, kann kein Coach wissen. Erst durch die Rückmeldung und die Selbstformulierung entsteht Klarheit. Entscheidend ist dabei das Wohlwollen für den Gesprächspartner. Die individualpsychologische Grundhaltung der sozialen Gleichwertigkeit ist die primäre Basis für den Gesprächserfolg.

**Selbstgespräche erkennen, Weichspüler meiden**
Wie ein leidenschaftlicher Schauspieler, hat jeder Mensch zu einem bestimmten Zeitpunkt seine Rolle im Leben perfekt einstudiert und eingenommen. Er spielt sie

täglich mit einer beeindruckenden Sicherheit, meist intuitiv und häufig unbewusst. Oft gewinnbringend jedoch auch sich selbst im Weg stehend, führt er Selbstgespräche, die zu Überzeugungen führen, die das eigene Denken und Handeln blockieren können. Es ist daher sinnvoll, die inneren Dialoge regelmässig zu überprüfen und zu reflektieren. Der Coach achtet deshalb kleinlichst genau auf die sprachliche Klarheit in Selbstgesprächen. Wenn ein Kunde sagt: „Ich will es versuchen", drückt er scheinbar seinen Willen aus. Der Coach jedoch gibt den Worten die wahre Bedeutung: Sprachliche Weichspüler! Worte, die zur Selbst- und Fremdberuhigung, nicht jedoch zur gewollten Veränderung führen. Denn: Wo kein klares „Ja!" ist, ist automatisch ein „Nein".

**Positive Grundhaltung für fruchtbare Coaching-Gespräche**

Die innere Einstellung, die Erwartung und die Grundhaltung des Kunden einerseits und die wertschätzende und ehrliche Grundhaltung des Coachs andererseits entscheiden, was in einem Gespräch möglich ist. Die gegenseitige Resonanz ist zwingend für den gelungenen Dialog. Vertrauen die Grundlage zum Erfolg. Denn Unausgesprochenes (Vorstellungen, Erwartungen, Ängste) beeinträchtigen den Prozess.

**Stärken stärken – in kleinen Schritten!**

Das Coaching-Gespräch fokussiert sich auf die Stärken des Menschen: Welche Tätigkeiten begeistern und beflügeln? In welchen Arbeitsbereichen kann das kundenspezifische Engagement den Unterschied ausmachen? Oft genügen kleine Veränderungen an der Arbeitsweise, in der Zeiteinteilung, am Stellenbeschrieb oder an der Teamzusammensetzung, um eigene Stärken wesentlich besser einsetzen zu können. Kleine und einfache Schritte sind das Geheimnis zum Erfolg.

Ich mag Sprichwörter. Sie sind ermutigend und öffnen die Augen. Eines meiner Lieblingszitate ist ein chinesisches Sprichwort:

▶ Erfülle die grosse Aufgabe in einer Reihe von kleinen Taten.

## Literatur

Rosenberger J (2009) Karrieretipp: Konflikte human lösen: Tipps und Tricks für schwierige Situationen. Expert, Renningen

Specker M (2012) Das grosse Interview mit Petra Jenner – Ich habe die Demut nie verloren. http://www.sonntagonline.ch/ressort/menschen/2553/. Zugegriffen am 14.06.2020

Whitemore J (2009) Coaching for performance, 4. Aufl. Nicholas Brealey Publishing, London

# 17 Ich bin mein eigener Coach: Zusammenfassung und Ausblick

Liebe Leserin, lieber Leser

Ich hoffe sehr, dass Ihnen die vergangenen rund 120 Seiten Spass bereitet haben und dass Sie beim Lesen einiges über sich selbst lernen konnten. Vielleicht haben Sie sich spontan in einer oder mehrerer der vier Grundrichtungen erkannt. Oder Sie haben zumindest eine Ahnung davon erhalten, welch facettenreiche, begabte und spannende Persönlichkeit Sie sind, und Sie fühlen sich ermutigt, sich selber noch besser auf die Spur zu kommen.

Ich ermutige Sie von ganzem Herzen, die Reise zu sich selbst mutig anzutreten und sich auch nach der Lektüre dieses Ratgebers um Ihr Selbst zu kümmern. Beginnen Sie damit, sich verstärkt zu reflektieren, nehmen Sie die Darsteller auf Ihrer inneren Theaterbühne immer besser wahr und erheben Sie den Anspruch, sich in jeder Phase des Lebens weiterzuentwickeln und zu verändern.

Möglicherweise hat sich während des Lesens der Eindruck verstärkt, dass Sie die gewinnbringende Selbstreflexion im Rahmen eines Coachings geniessen möchten. Wenn Sie froh um die Vermittlung einer bewährten Coaching-Adresse sind, dürfen Sie sich gerne bei mir melden. Sie finden meine Kontaktdaten im vorderen Teil des Buches.

Nutzen Sie die Kontaktmöglichkeit auch, um mir ein persönliches Feedback zu diesem Buch zu geben. Vielleicht hat Sie ein bestimmtes Thema in besonderer Weise angesprochen, oder Sie möchten gerne eine Frage beantwortet haben. Ich freue mich auf jedes einzelne Feedback.

© Springer Fachmedien Wiesbaden GmbH, ein Teil von Springer Nature 2020
U. R. Bärtschi, *Ich bin mein eigener Coach*,
https://doi.org/10.1007/978-3-658-30498-0_17

Wenn Sie sich dieses Buch gekauft haben, weil Sie beruflich oder privat in einer Übergangssituation stehen und überlegen, sich neu zu orientieren oder eine sinnvolle Weiterbildung zu planen, kommt für Sie möglicherweise eine Coaching-Ausbildung in Frage. Auch in diesem Fall kann ich Ihnen gerne weiterhelfen und mit Ihnen Ihre konkreten Möglichkeiten besprechen.

Es stehen Ihnen mindestens drei attraktive Optionen zur Verfügung, um Ihr neu erworbenes Wissen gleich zu vertiefen und damit noch mehr zu profitieren:

Besuchen Sie jetzt die Plattform www.ich-bin-mein-eigener-coach.ch und finden Sie dort Ihren GPI®-Coach. In einem individuellen Coaching-Gespräch erhalten Sie eine differenzierte schriftliche Auswertung zu den Ausprägungen Ihrer Grundrichtungen und reichlich Material zur Vertiefung und persönlichen Entwicklung.

Nutzen Sie wie Millionen anderer Menschen dieser Generation die Chancen, die Ihnen ein professionelles, lösungsorientiertes Coaching bietet, und erweitern Sie dadurch Ihr persönliches Denk- und Verhaltensrepertoire.

Falls Sie sich ein neues berufliches Standbein aufbauen oder einfach Ihre Führungskompetenzen erweitern möchten, stehen Ihnen zahlreiche Aus- und Weiterbildungsangebote zur Auswahl: unter anderem der zehntägige Studiengang für angewandtes Coaching.

Ich wünsche Ihnen auf Ihrem persönlichen Erfolgsweg viele beglückende Momente und Erfahrungen.

Urs R. Bärtschi

# Anhang: Das Testverfahren GPI® 18

## 18.1 Auf dem Weg zum ersten Fragebogen: Hippokrates, Adler, Schoenaker

Hippokrates, der berühmteste Arzt der Antike, legte die Basis für die erste Typenlehre. Er prägte den Satz: „Wer weiterkommen will, sollte sich mit seiner Persönlichkeit beschäftigen, damit er sich und sein Verhalten selbst besser versteht."

Alfred Adler beschrieb 1933 Persönlichkeitsgrundmuster (Witte 2010), welche sich am Grad der sozialen Integration und Aktivität orientierten. Seine Deutung der einzelnen Persönlichkeit und seine Folgerungen daraus sind gut verständlich und einfach anwendbar, seine Individualpsychologie ist eines der besten Instrumente, um das Verhalten der Menschen verständlich zu machen.

Theo Schoenaker, Individualpsychologe und Autor des Bestsellers „Mut tut gut!", entwickelte einen ersten Fragebogen zu den Prioritäten und systematisierte das Modell. Die „Grundrichtungen der Persönlichkeit" verdeutlichen bestehende Überzeugungen sowie Denk- und Verhaltensmuster. Das Verfahren basiert auf Stärken und Möglichkeiten und zeigt konkrete, handlungsorientierte Wege zur Ausschöpfung des eigenen Potenzials auf. Innere Dialoge werden sichtbar und können nachvollzogen werden.

## 18.2 Testverfahren GPI®: Wertvolles Wissen und zahlreiche Arbeitstechniken

Zusammen mit meiner Frau Ruth Bärtschi, Gründerin und Leiterin der Akademie für Individualpsychologie (AFI) GmbH (www.akademie-ip.ch), entwickelte ich in den vergangenen Jahren das Testverfahren GPI®. Dank unserer jahrelangen Erfahrung haben wir das Verfahren nicht nur verfeinern, sondern auch mit wertvollem Wissen und zahlreichen Arbeitstechniken erweitern können. Das Testverfahren GPI® wird heute in Beratungs- und Coaching-Gesprächen mit viel Erfolg eingesetzt. Eine unkomplizierte Online-Version ermöglicht eine effiziente Handhabung, eine grafische Darstellung verdeutlicht das individuelle Profil. Die Akademie für Individualpsychologie (AFI) sowie die Coachingplus GmbH nutzen das Testverfahren GPI® in ihren Ausbildungsgängen. Mehrere Tausend Absolvierende sind bereits lizenziert.

## 18.3 Stärken stärken

**4 Grundrichtungen = 4 Gewinner** Die „Grundrichtungen der Persönlichkeit" verdeutlichen bestehende Überzeugungen sowie Denk- und Verhaltensmuster. Das Verfahren basiert auf Stärken und Möglichkeiten und zeigt konkrete, handlungsorientierte Wege zur Ausschöpfung des eigenen Potenzials auf.

**Menschen verstehen statt etikettieren** Die Grundrichtungen der Persönlichkeit sind nicht dazu da, Menschen zu etikettieren. Es sollen Worte und Beschreibungen gefunden werden, die das Menschsein, das Selbstmanagement, die inneren Dialoge und die Verstrickungen verständlicher machen. Sich und andere verstehen lernen – davon profitieren alle.

**Langfristige Verbesserungen durch gezielte Interventionen** Innere Dialoge werden sichtbar und können gut nachvollzogen werden, eigene Absichten werden erkannt. Es werden Strategien skizziert, wie die konstruktiven Aspekte der eigenen Grundrichtung mit Mut und Selbstvertrauen entfaltet und gestärkt werden können. Durch gezielte Interventionen in den Bereichen Arbeit, Beziehung und Leben lassen sich hilfreiche und langfristige Verbesserungen erzielen. Es kommt automatisch zu einer erhöhten Zufriedenheit.

## 18.4 Anwendungen in der Praxis: Entdecken und entfalten der Stärken

Das moderne Testverfahren GPI® mit integrierter Persönlichkeitsanalyse kann in der Praxis in verschiedenen Fragestellungen gewinnbringend eingesetzt werden:

- Stärkung des Selbstmanagements,
- Ressourcenoptimierung,
- Berufs- und Karriereplanung,
- Teamentwicklung,
- Kommunikation und Konfliktlösung,
- Veränderungsprozesse,
- Stressregulation,
- Führungsprofil.

Der verständlich formulierte Fragebogen ist in ca. 15 Minuten ausgefüllt. Das Resultat kommt in Form einer schriftlichen Testauswertung sowie mehr als zehn Seiten ausführlicher Beschreibungen persönlicher Verhaltenstendenzen in Privatleben, Beruf und Führungsaufgaben.

## 18.5 „Ich werde GPI® Coach!"

In den vergangenen 15 Jahren haben meine Frau und ich nicht nur unsere Kunden in den Studiengängen der Coachingplus GmbH und der Akademie für Individualpsychologie im Testverfahren ausgebildet, sondern dieses laufend verfeinert, erweitert und schrittweise zur vorliegenden Fassung entwickelt. Seit dem Frühjahr 2013 ist *gpi-coach.ch* online. Der Erfolg hat uns ermutigt, GPI® neu zu positionieren und die Weiterbildungen zum „Zertifizierten GPI®-Coach" sowie zum „Diplomierten GPI®-Team-Coach" anzubieten. Teilnehmende professionalisieren ihre Beratungskompetenz, erwerben sich zusätzliches Hintergrundwissen und wenden dies anhand konkreter Praxisbeispiele an.

## 18.6 Zertifizierter GPI° Coach: Zeichen setzen

Schaffen Sie für sich ein klares Markenzeichen als Berater, Trainer oder HR-Verantwortlicher und für Ihr Unternehmen und Ihre Kundschaft wertvollen Zusatznutzen. In zwei Seminar-Tagen lernen Sie, menschliches Handeln vertiefter zu verstehen, Konfliktsituationen früher zu erkennen und neue konstruktive Ausgangslagen zu schaffen.

Voraussetzung ist ein abgeschlossener zehntägiger Studiengang für angewandtes Coaching bei der Coachingplus GmbH oder eine oder dreijährige Ausbildung zur Beraterin/zum Berater in der Akademie für Individualpsychologie AFI, wobei ein Beginn bereits nach dem 2. Semester möglich ist.

### Literatur

Witte KH (Hrsg) (2010) Persönlichkeitstheorie, Psychopathologie, Psychotherapie, 1. Aufl. Vandenhoeck & Ruprecht, Göttingen, S 1913–1937

The manufacturer's authorised representative in the EU is Springer Nature Customer Service Centre GmbH, Europaplatz 3, 69115 Heidelberg, Germany. If you have any concerns regarding our products, please contact ProductSafety@springernature.com

Printed and bound by CPI Group (UK) Ltd, Croydon, CR0 4YY

25/03/2026

02078181-0008